中华人民共和国行业推荐性标准

公路交通安全设施施工技术规范

Technical Specifications for Construction of Highway Safety Facilities

JTG/T 3671—2021

主编单位：交通运输部公路科学研究院
批准部门：中华人民共和国交通运输部
实施日期：2021 年 07 月 01 日

人民交通出版社股份有限公司
北京

律师声明

本书所有文字、数据、图像、版式设计、插图等均受中华人民共和国宪法和著作权法保护。未经人民交通出版社股份有限公司同意，任何单位、组织、个人不得以任何方式对本作品进行全部或局部的复制、转载、出版或变相出版。

本书封面贴有配数字资源的正版图书二维码，扉页前加印有人民交通出版社股份有限公司专用防伪纸。任何侵犯本书权益的行为，人民交通出版社股份有限公司将依法追究其法律责任。

有奖举报电话：(010) 85285150

北京市星河律师事务所
2020 年 6 月 30 日

图书在版编目(CIP)数据

公路交通安全设施施工技术规范：JTG/T 3671—2021 / 交通运输部公路科学研究院主编．— 北京：人民交通出版社股份有限公司，2021.4

ISBN 978-7-114-17000-3

Ⅰ．①公… Ⅱ．①交… Ⅲ．①公路运输—交通运输安全—安全设备—技术规范—中国 Ⅳ．①U491.5-65

中国版本图书馆 CIP 数据核字(2021)第 016886 号

标准类型：中华人民共和国行业推荐性标准
标准名称：**公路交通安全设施施工技术规范**
标准编号：JTG/T 3671—2021
主编单位：交通运输部公路科学研究院
责任编辑：王海南
责任校对：刘　芹
责任印制：张　凯
出版发行：人民交通出版社股份有限公司
地　　址：(100011) 北京市朝阳区安定门外外馆斜街 3 号
网　　址：http://www.ccpcl.com.cn
销售电话：(010) 59757973
总 经 销：人民交通出版社股份有限公司发行部
经　　销：各地新华书店
印　　刷：北京市密东印刷有限公司
开　　本：880×1230　1/16
印　　张：5.5
字　　数：118 千
版　　次：2021 年 4 月　第 1 版
印　　次：2023 年 12 月　第 4 次印刷
书　　号：ISBN 978-7-114-17000-3
定　　价：50.00 元

(有印刷、装订质量问题的图书由本公司负责调换)

中华人民共和国交通运输部

公 告

第 18 号

交通运输部关于发布
《公路交通安全设施施工技术规范》的公告

现发布《公路交通安全设施施工技术规范》(JTG/T 3671—2021),作为公路工程行业推荐性标准,自 2021 年 7 月 1 日起施行。原《公路交通安全设施施工技术规范》(JTG F71—2006) 同时废止。

《公路交通安全设施施工技术规范》(JTG/T 3671—2021) 的管理权和解释权归交通运输部,日常管理和解释工作由主编单位交通运输部公路科学研究院负责。

请各有关单位注意在实践中总结经验,及时将发现的问题和修改建议函告交通运输部公路科学研究院(地址:北京市海淀区花园东路 15 号,邮编:100191),以便修订时研用。

特此公告。

中华人民共和国交通运输部

2021 年 3 月 17 日

交通运输部办公厅　　　　　　　　　　　　　　　　2021 年 3 月 18 日印发

前 言

根据交通运输部办公厅《关于下达 2011 年度公路工程标准制修订项目计划的通知》(厅公路字〔2011〕115 号)的要求,交通运输部公路科学研究院作为主编单位承担《公路交通安全设施施工技术规范》(JTG F71—2006)(以下简称"06 版规范")的修订工作。

本次修订密切结合新版《公路交通安全设施设计规范》(JTG D81—2017)的有关要求,全面总结了自 06 版规范实施以来国内在公路交通安全设施施工领域相关的科研和技术成果,以及施工当中存在的突出问题,吸收、借鉴了国外发达国家的经验,坚持"健全施工程序、强化过程控制、确保施工质量"的修订原则,重点突出技术的成熟性和先进性,对交通安全设施施工过程中应遵守的准则、技术要求以及施工关键工序的控制内容进行了规定。修订过程中,广泛征求了各级交通运输主管部门、公路建设和运营管理单位以及公路设计、施工、科研单位的意见,经反复讨论修改而成。

本规范由 12 章,以及 1 个附录组成,分别是:1 总则,2 施工准备与施工组织,3 交通标志,4 交通标线,5 护栏和栏杆,6 视线诱导设施,7 隔离栅,8 防落网,9 防眩设施,10 避险车道,11 其他交通安全设施,12 工程交工,附录 A 施工所用产品和原材料检验要求。

与 06 版规范相比,本次主要修订内容如下:

1. 增加了改扩建公路交通安全设施的施工规定。

2. 强化了施工准备的内容和施工组织的要求,明确了各类交通安全设施的施工前提条件和施工工序。

3. 强化了施工所用产品和原材料进场时应进行质量检测和试验,以及施工单位应加强质量过程控制的规定。

4. 各类交通安全设施的施工"验收"一节调整为"质量过程控制",提出了施工质量过程控制指标。

5. 将"护栏"一章调整为"护栏和栏杆",增加了桥梁路段设置栏杆的施工工序和质量过程控制指标。

6. 细化了采用滑模施工法现场浇筑混凝土护栏的工序、方法和质量过程控制指标。

7. 将原"轮廓标"一章调整为"视线诱导设施",适当扩大了涵盖范围。

8. 防落网的范围扩大到防落物网和防落石网两类。

9. 新增"缓冲设施""避险车道"和"其他交通安全设施(包括防风栅、防雪栅、积雪标杆、限高架、减速丘和凸面镜等)"等章节。

10. 新增"工程交工"一章,规定了交通安全设施施工单位交工验收前应做的各项准备工作。

11. 新增"施工所用产品和原材料检验要求"附录，规定了公路交通安全设施施工所用产品和原材料进场检验的基本要求、检验项目及抽样频率。

本规范由刘会学负责起草第1章，马亮、刘会学、王成虎负责起草第2章，赵妮娜负责起草第3章，宋玉才负责起草第4章，唐琤琤、刘会学、黄晨、李勇、葛书芳、王成虎负责起草第5章，宋玉才负责起草第6章，孙智勇负责起草第7、8章，葛书芳负责起草第9章，吴京梅负责起草第10章，张巍汉负责起草第11章，刘会学负责起草第12章，王成虎负责起草附录A。张华、钟仰晋、刘洪启、钟连德、张铁军等参与了部分条文的编写工作。

请各有关单位在执行过程中，将发现的问题和意见，函告本规范日常管理组，联系人：刘会学（地址：北京市海淀区花园东路15号，交通运输部公路科学研究院，邮编：100091；电话：010-62062052，传真：010-62370155；电子邮箱：hx.liu@rioh.cn），以便下次修订时参考。

主 编 单 位：交通运输部公路科学研究院
参 编 单 位：北京交科公路勘察设计研究院有限公司
　　　　　　广东省交通集团有限公司
　　　　　　北京中路安交通科技有限公司
　　　　　　北京中交华安科技有限公司

主　　　　编：刘会学
主要参编人员：宋玉才　唐琤琤　赵妮娜　黄　晨　葛书芳　王成虎
　　　　　　　马　亮　李　勇　孙智勇　吴京梅　张巍汉

主　　　　审：陈永耀
参与审查人员：王恒斌　张慧彧　张冬青　李春风　吴华金　潘向阳
　　　　　　　张玉宏　周绪利　陈礼彪　沈国华　王建强　沈国栋
　　　　　　　孙芙灵　胡彦杰　刘喜平　杨晓东　张永华　韩子东
　　　　　　　邵　东　杨胜榕　周玉波　李晓峰　辛国树　郑铁柱
　　　　　　　夏方庆　鲍　钢

参 加 人 员：张　华　钟仰晋　刘洪启　钟连德　张铁军

目　次

1 总则 ··· 1
2 施工准备与施工组织 ··· 2
　2.1 施工准备 ··· 2
　2.2 施工组织 ··· 3
3 交通标志 ·· 5
　3.1 一般规定 ··· 5
　3.2 材料 ·· 5
　3.3 施工 ·· 6
　3.4 质量过程控制 ··· 10
4 交通标线 ·· 14
　4.1 一般规定 ·· 14
　4.2 材料 ··· 15
　4.3 施工 ··· 16
　4.4 质量过程控制 ··· 18
5 护栏和栏杆 ·· 21
　5.1 一般规定 ·· 21
　5.2 缆索护栏 ·· 23
　5.3 波形梁护栏 ·· 27
　5.4 混凝土护栏 ·· 32
　5.5 桥梁护栏和栏杆 ··· 36
　5.6 中央分隔带开口护栏 ··· 40
　5.7 缓冲设施 ·· 41
6 视线诱导设施 ··· 43
　6.1 一般规定 ·· 43
　6.2 材料 ··· 43
　6.3 施工 ··· 44
　6.4 质量过程控制 ··· 45
7 隔离栅 ··· 47
　7.1 一般规定 ·· 47
　7.2 材料 ··· 47
　7.3 施工 ··· 48

7.4	质量过程控制	50
8	**防落网**	**52**
8.1	一般规定	52
8.2	材料	52
8.3	施工	53
8.4	质量过程控制	54
9	**防眩设施**	**56**
9.1	一般规定	56
9.2	材料	56
9.3	施工	57
9.4	质量过程控制	59
10	**避险车道**	**61**
10.1	一般规定	61
10.2	材料	61
10.3	施工	62
10.4	质量过程控制	63
11	**其他交通安全设施**	**64**
11.1	防风栅与防雪栅	64
11.2	积雪标杆	67
11.3	限高架	67
11.4	减速丘	67
11.5	凸面镜	68
11.6	其他设施	68
12	**工程交工**	**69**
附录 A	**施工所用产品和原材料检验要求**	**70**
本规范用词用语说明		**77**

1　总则

1.0.1 为规范公路交通安全设施的施工，保证施工质量，提高施工技术水平，制定本规范。

1.0.2 本规范适用于各等级公路交通安全设施的施工。

1.0.3 公路交通安全设施的施工应符合设计文件的规定。

1.0.4 公路交通安全设施的施工应做好施工准备、技术交底和施工组织工作。

1.0.5 公路交通安全设施的施工应在前道工序验收合格的基础上进行。

1.0.6 公路交通安全设施应文明施工、安全施工，并采取措施保护环境。

1.0.7 对边施工边通车的公路改扩建工程，应根据设计文件或相关标准的规定采取交通安全保障措施。

1.0.8 施工单位应加强质量过程控制，按规定进行工序检查并做好记录，确保100%满足规定值或允许偏差。

1.0.9 公路交通安全设施施工宜推行标准化、工厂化、装配化施工。

1.0.10 在确保施工周期和工程质量的条件下，应积极推广使用成熟可靠的新技术、新工艺、新材料和新设备。

1.0.11 公路交通安全设施的施工不得污染、损坏土建工程和其他设施。

1.0.12 公路交通安全设施的施工除应符合本规范的规定外，尚应符合国家和行业现行有关标准的规定。

2 施工准备与施工组织

2.1 施工准备

2.1.1 公路交通安全设施施工前，应熟悉设计文件、掌握设计要点，并核查设计图纸是否齐全、清晰、准确，发现问题应及时提出并解决。

2.1.2 公路交通安全设施施工前，应进行技术交底。

条文说明

技术交底是指工程施工前，由设计单位向参与施工的人员进行的技术性介绍和解释，目的是使施工人员对工程特点、技术质量要求、施工方法和安全措施等方面有一个较详细的了解，以便科学地组织施工，避免技术质量、工程安全等事故的发生。

公路交通安全设施的技术交底一般包括下列两种：

1 设计交底，即设计图纸交底。在建设单位主持下，由设计单位向各施工单位进行的交底，主要介绍公路交通安全设施的功能与特点、设计理念、原则与要求等。

2 施工技术交底。主要介绍施工工艺方法、规范要求，以及常见问题的解决对策等。

2.1.3 应结合设计图纸、监理验收资料等对现场条件进行检查、验收。根据不同公路交通安全设施施工技术要求，对前道工序进行检查，发现问题应查明原因，并提交建设单位进行处理，整改验收合格后方能进行后序工程的施工。

条文说明

在公路交通安全设施施工过程中可能会出现不具备施工条件的情况，如交通标志所在位置与设计图纸不符，图纸上位于路基段的，实际上处于桥梁或隧道路段；护栏所在位置的土基压实度不符合设计要求；位于桥梁或隧道路段的交通安全设施未预留基础，或预埋件位置不当，或预埋件规格不符；一些交通安全设施所在位置已设置了其他设施，等等。上述前道工序不满足公路交通安全设施施工要求的情况，均要通过现场检查，发现问题并查明原因，要求相关单位整改，验收合格后才能进行后序工程的施工。

2.1.4 施工单位应根据设计文件及工艺要求按品种、规格、数量采购施工所用产品和原材料，并符合下列规定：

1 施工所用产品和原材料应具有出厂合格证、产品检测报告或原材料质量证明文件，并应符合本规范第 A.1 节的规定。

2 施工所用产品和原材料进场时宜按本规范第 A.2 节规定的检验方法进行质量验收检验，合格后方可使用。

3 新型护栏标准段和过渡段、中央分隔带开口护栏、缓冲设施等产品主要构件的规格尺寸和材料性能不应低于实车碰撞试验样品对应构件的国家或行业现行标准的要求。

条文说明

3 《公路护栏安全性能评价标准》（JTG B05-01—2013）中规定：《公路护栏安全性能评价报告》中，除包括试验样品所用的材料牌号外，还要提供材料性能试验报告。这主要是为避免施工单位所采购的新型护栏产品与试验样品材料不一致而导致产品偷工减料的问题。规格尺寸包括截面形状、截面尺寸、截面面积、单位重量等，材料性能一般包括抗拉强度、屈服强度、断后伸长率等。

2.1.5 施工专用机械设备、生产工具应在施工前进行安装调试和校验，试验检测设备、仪器应经检定或校准合格。

2.1.6 施工所用产品和原材料应根据其品种、规格及用途分别标识、妥善存放。

2.1.7 施工所用产品和原材料及施工机械停放于通车公路上时，应按现行相关标准规范设置相应的标志、警示和防护设施。

2.1.8 采用预制加工时，应根据工程需求、项目特点和环境要求等确定预制厂位置及规模。

2.2 施工组织

2.2.1 应在对施工现场进行全面调查和核实后，根据设计要求、合同约定及现场情况等，编制实施性施工组织设计。

2.2.2 施工组织设计应包括下列主要内容：
1 编制说明；
2 项目概况；
3 施工组织机构；
4 施工区域平面布置图；

5 原材料进场计划及储存；
  6 施工机具存放；
  7 施工工艺和方法；
  8 交通组织方案；
  9 总进度计划和进度图；
  10 档案信息管理；
  11 质量保证；
  12 施工安全；
  13 环境保护；
  14 职业健康。

2.2.3 施工组织设计应结合工程特点，合理安排人员、材料、机械设备，科学确定施工方法。

2.2.4 施工组织设计应建立健全工程质量保证体系，制定质量管理制度，提出质量保证措施，对工程的施工进行全过程质量控制。

2.2.5 施工组织设计应根据下列规定建立健全施工安全管理体系，落实安全责任，提出安全技术组织措施：
  1 根据不同机械设备、材料使用要求和工艺特点，制定安全操作规程并在施工中严格执行。
  2 施工人员进场前，应进行岗前培训和技术、安全交底。
  3 对施工中可能存在的各种潜在风险应进行分析、评估，提出防范对策，制订必要的突发事件应急预案。
  4 对边施工边通车的公路改扩建工程，应做好必要的交通疏导、安全防控和秩序维护。

2.2.6 施工组织设计应建立健全环境保护管理体系，制订环境保护、节能减排和文明施工的实施方案，减少工程施工过程中对环境造成的污染。

3 交通标志

3.1 一般规定

3.1.1 交通标志应按施工准备、基础施工、立柱和横梁等构件和标志板加工制作、交通标志安装等工序进行施工。

3.1.2 应按本规范第2.1节的规定进行施工准备，发现下列问题应按本规范第2.1.3条的规定处理：
　　1　桥梁、隧道段的交通标志基础无预留预埋或预留位置、预埋基础不满足设计要求。
　　2　交通标志的设置位置与通信管道、电力管线等隐蔽工程冲突。
　　3　交通标志之间以及与可变信息标志等设施相互干扰。
　　4　照明灯杆、上跨桥梁、路侧挡墙、声屏障、绿化等设施遮挡交通标志。
　　5　与设计不符或与其他设施冲突的其他情况。

3.2 材料

3.2.1 除设计文件另行规定外，交通标志所用材料应符合下列规定：
　　1　标志底板及支撑件所用材料的结构尺寸、外观质量、防腐层质量和材料力学性能等应符合现行《道路交通标志板及支撑件》（GB/T 23827）的规定。
　　2　逆反射材料的外观质量、光度性能、色度性能、抗冲击性能、耐溶剂性能、耐盐雾腐蚀性能、耐高低温性能、耐候性能等应符合现行《道路交通反光膜》（GB/T 18833）的规定。
　　3　交通标志的立柱、横梁等构件采用应符合现行《结构用无缝钢管》（GB/T 8162）、《直缝电焊钢管》（GB/T 13793）等的规定。
　　4　交通标志基础、里程碑、百米桩、公路界碑等所用的钢筋、水泥、细集料、粗集料、拌和用水、外加剂等材料的技术指标应符合现行《公路桥涵施工技术规范》（JTG/T 3650）的规定。

3.2.2 材料进场时应按本规范第2.1.4条的规定检查出厂质量证明书、检测报告和外观，对不同类型及生产厂家的材料应分批抽取试样进行检测，检测方法应符合国家和行业现行有关标准的规定,合格后方可使用。

3.2.3 改扩建工程中拆除的标志底板、钢构件等材料,应按本规范附录 A 规定的方法进行质量检验通过后,方可再利用。

3.2.4 除设计文件另行规定外,预埋在混凝土基础中的钢构件可不进行防腐处理,其他钢构件均应按现行《公路交通工程钢构件防腐技术条件》(GB/T 18226)及下列规定进行防腐处理:
  1 所有钢构件,在进行防腐处理前,均应进行表面除锈、脱脂等处理。
  2 螺栓、螺母、垫圈等紧固件和连接件经热浸镀锌处理后,应清理螺纹或进行离心分离处理。
  3 钢构件进场时应对防腐层厚度进行检查,每一构件的上、中、下断面表面用涂层测厚仪测四点取均值,防腐层厚度应符合设计要求。

3.3 施工

3.3.1 交通标志基础施工应按下列工序和规定进行:
  1 基坑开挖。基坑应放样定点后开挖,基坑的位置和几何尺寸均应满足设计文件的要求,基坑开挖时应保护施工现场周围。双柱或多柱基础不宜同时施工。开挖的基坑四周应进行围封,设立明显的警示标志。
  2 基底处理。基坑开挖后应平整基底、清理坑壁、检测基底的地基承载力。设计文件未具体规定时,地基承载力可采取直观或触探等方法进行检测。每个基坑应至少选取一个检测点,地基承载力应符合本规范第 3.4.1 条的规定。出现软弱地基等不良地质条件时,应按设计文件的规定对基坑进行处理。
  3 模板安装。基坑验收合格后,在基础混凝土外露部分和基坑上沿以下 10~20cm 位置安装模板,然后按设计文件要求安装钢筋和绑扎。模板的制作、安装以及钢筋绑扎、安装应符合现行《公路桥涵施工技术规范》(JTG/T 3650)的规定。
  4 法兰盘安装。模板和钢筋验收合格后,在浇筑混凝土之前应按设计图纸准确安装底座法兰盘,可在与公路中心线平行和垂直的方向各拉一条线作为定位线,然后在侧模板上中分画线,放置法兰盘时应确保基础纵横轴线与法兰盘纵横轴线两两重合。预埋地脚螺栓应与法兰盘垂直固定,底座法兰盘应安置水平。
  5 混凝土浇筑。法兰盘安放合格后,应固定底座法兰盘和地脚螺栓,然后开始浇筑混凝土。混凝土的强度应符合设计要求,混凝土的浇筑应符合现行《公路桥涵施工技术规范》(JTG/T 3650)的规定。混凝土的浇筑不应影响地脚螺栓和法兰盘的位置。
  6 调整养护。混凝土浇筑完成后,应再次对法兰盘水平情况进行检查、调整。法兰盘表面应擦拭干净,不得留有混凝土或其他异物,预埋螺栓的外露部分应清理干净并采取保护措施。对基础外露部分进行抹平后,应按现行《公路桥涵施工技术规范》

(JTG/T 3650)的规定进行混凝土养护。拆模时间应根据气温和混凝土强度确定,夏季宜在混凝土终凝后24h,冬季混凝土强度不宜低于5MPa。拆模不得破坏混凝土表面和棱角。

7 基础回填。基础的回填土应分层夯实,与相邻地面齐平。

3.3.2 交通标志钢构件的加工和运输应符合下列规定:

1 应根据施工放样协调后标志基础实际位置、净空要求和设计文件确定立柱和横梁的加工长度。

2 悬臂、门架式标志横梁制作应按设计文件的要求设置预拱度。

3 所有钢构件的切割、钻孔、冲孔、焊接等加工均应按现行《公路桥涵施工技术规范》(JTG/T 3650)和设计文件的要求,在防腐处理之前完成。

4 所有钢构件在运输过程中不应出现变形或损坏,不应损伤防腐层,宜采用保护性包装材料隔离保护。

3.3.3 标志底板制作加工应符合下列规定:

1 标志底板应根据设计尺寸在工厂进行加工成型,并根据设计文件的要求进行加固、拼接、冲孔、卷边等工序。标志板面应平整,无裂缝、无刻痕。

2 大型标志底板需要拼接时,拼接处应保证紧凑、密实,铆钉应与铝合金板无明显缝隙,拼接后标志板面应平整,不得有错台。

3 加工完成后,标志底板应进行打磨、清洗、干燥等工艺处理,标志底板应彻底干透后方能进行贴膜。清洗处理完成后直到粘贴反光膜前,不得用手直接触摸标志底板,亦不应再与油脂或其他污物接触。

条文说明

1 标志底板的制作需要在金工车间进行。采用铝合金材料的标志底板加工要根据板面设计尺寸的要求进行剪裁、切割、焊接、铆接等并按设计要求对标志底板进行拼接和加固,以及冲孔、卷边及其他加工工序。

2 不严密的拼缝会导致灰尘、水汽进入,影响反光膜的粘贴效果。铆钉头与周边区域要保证平整,如果铆钉与铝合金板间隙过大,或与铝合金板不在同一水平面上,贴膜后,铆钉周围会产生气泡。

3 为了使反光膜能牢固地粘贴在标志底板上,要求标志底板制作完成后,进行彻底的打磨、清洗、除污、干燥,以增加微观的粘贴面积,去除加工过程中留存的大量油脂,确保粘贴效果。

3.3.4 标志底板再利用时应符合下列规定:

1 去除原有反光膜重新利用标志底板时,应将原有反光膜和残胶彻底去除,并对板面进行清洁和打磨。

2 采用外套法利用标志底板时，板面不得出现明显的变形或翘曲。
3 交通标志底板重新利用时，加强肋、边框应按设计文件的规定进行调整、加固。
4 连接紧固件应按设计文件和本规范的规定进行防腐处理。

条文说明

1 鼓励采用各种交通标志底板再利用的工艺，前提条件是板面要平整干净，不影响新反光膜的使用效果。去除旧标志板残胶可以采用以下方法：把乙酸乙酯等溶剂装入喷壶中，然后将溶剂喷洒在要去除残胶的板面上，喷洒完后，静置2~3min，让溶剂对残胶进行充分浸润和溶解，然后用油灰刀将已经溶解的残胶刮下，集中收集。

3.3.5 标志板面粘贴反光膜时，其制作加工应符合下列规定：

1 标志反光膜应在干净、无尘土、温度不低于18℃、相对湿度在20%~50%的车间内，按反光膜产品的要求进行粘贴。

2 版面的形状、颜色、文字、箭头、编号、图形及边框等应按现行《道路交通标志和标线》（GB 5768）和设计文件的规定制作。

3 反光膜制作和粘贴工艺可根据标志特点和实际条件进行选择，所选工艺不得影响反光膜颜色、反光性和耐候性等指标。除特殊情况外，宜采用机器贴膜。

4 新设置的交通标志应采用同一品牌、同一批次的反光膜。

5 反光膜拼接应符合下列规定：

1）标志底板的长度或宽度小于反光膜产品的最大宽度时，不得拼接。

2）当不能避免拼接时，应使用反光膜产品的最大宽度进行拼接，距标志板边缘50mm之内，不得有贯通的拼接缝。

3）搭接时，宜竖向拼接，压接宽度不应小于5mm。在反光膜搭接粘贴后，反光膜自行开裂前，应沿着搭接缝将反光膜切割断开，并刮压。

4）棱镜型反光膜应平接。平接接缝间隙不应超过1mm，平接缝应垂直于地面，不得平行于地面。

条文说明

1 标志面加工过程中，贴反光膜是最关键的工序。反光膜与标志底板通过化学胶来粘贴。为保证粘贴效果，标志底板一定要干净。标志反光膜要在干净、无尘土、温度不低于18℃、相对湿度在20%~50%的车间内进行粘贴。温度过低，对胶的粘贴性能有不利影响。

2 驾驶人对交通标志的认读是在快速行驶中进行的，标志要确保驾驶人有足够时间去发现、判断、认读、理解和采取行动。为了保证良好的视认性，交通标志的形状、图案和颜色等要严格执行现行《道路交通标志和标线》（GB 5768）的规定，汉字、拉丁字母、阿拉伯数字要采用交通标志专用字体，严格按现行《道路交通标志和标线》

（GB 5768）及设计文件的规定执行字高和间距等要求，以获得最佳效果。

3 反光文字、符号和图案的制作工艺有很多，包括贴膜、丝网印刷、电刻膜和数码打印等，在保证所有交通标志各项性能和耐候性满足要求的前提下，可以根据标志特点和实际条件选择制作工艺：

（1）贴膜方法主要有手工和机器贴膜两种：手工贴膜工艺较为成熟，在粘贴好的底膜上，将刻字机做好的字膜进行人工粘贴，但对操作人员的技术要求比较高，适合以文字和简单图案为主的交通标志；机器贴膜由于反光膜所受到的粘贴压力均匀连续，粘贴后标志面平整光滑，无皱纹、起泡、条纹、变形等，其粘贴效果要好于手工贴膜，因此除现场贴膜的情况外，鼓励采用机器贴膜，采用手工贴膜工艺时至少底膜的粘贴要在专用的贴膜机上进行。

（2）丝网印刷需要定制网板，适合大批量制作图案固定、板面较小的警告、禁令等标志。

（3）电刻膜是将标志字体镂空，贴敷于白色反光膜表面，呈现白色文字，适合制作绿底白字或蓝底白字的标志。

（4）数码打印是将不同颜色的透光油墨打印在反光膜上，形成文字、符号和图案，解决了传统工艺刻字、扣字、画线、定位造成的差异，在制作图案复杂、颜色多变的各类标志方面有优势。

5 反光膜拼接有平接和搭接两种方式。棱镜型反光膜搭接时，有极大可能发生翘曲，导致版面不平整。棱镜型反光膜只能平接。在反光膜搭接时，为防止接缝处可能产生反光膜翘曲，规定在反光膜搭接粘贴后，反光膜自行开裂前，要沿着搭接缝将反光膜切割断开，并刮压，如图3-1所示。拼接缝垂直于地面时，拼缝里的水会在冲洗灰尘后自然流出，而水平的情况下可能导致水和灰尘积存，因此对拼接缝方向做出了规定。

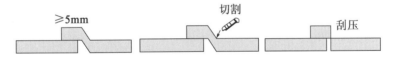

图3-1 反光膜搭接缝切割、刮压过程图解

3.3.6 包装、储存及运输标志面时，应符合下列规定：

1 标志贴膜完成后应在通风干燥的室内竖直存放24h以上再移出室外进行储存或安装。储存时应竖直放置，不得水平堆叠，并不得浸泡在积水中。

2 运输时标志面应竖直放置，并采用隔离材料保护，在到达目的地后应立即去除隔离保护。

3 运输时应对标志面进行固定，不得碰撞、挤压标志面，保证表面平整不变形。

条文说明

1 通常反光膜在粘贴24h后，其背胶和铝合金板才能完成100%的黏结强度，因此要求标志贴膜完成后要在通风干燥的室内竖直存放24h以上，确保背胶完全发挥作用。

2 为防止标志面运输和搬运过程中，摩擦划刻，刮伤反光膜，要求采用隔离材料保护。在到达目的地后立即去除保护，以避免高温高湿环境造成反光膜起皱。

3.3.7 交通标志现场安装应符合下列规定：

1 标志支撑结构应在基础混凝土强度达到设计强度的80%以上后，经监理工程师批准后安装。

2 标志板安装前应依据设计文件对交通标志基础、立柱和标志板一一进行核对。检查标志板、支撑结构是否存在裂缝、变形等影响安装的缺陷。

3 小型交通标志可在立柱安装固定后安装标志板，门架、悬臂等交通标志宜将交通标志板安装后整体吊装。紧固件的紧固方法应符合设计要求，加劲法兰盘与底座法兰盘应水平、密合，拧紧螺栓后支柱不得倾斜。

4 大型标志板现场拼接时，拼缝应平顺、紧密，不大于3mm，不得影响标志中图形、文字和重要符号的视认性，板面应保持平整，不得有错台，整体强度应不低于单板。

5 标志架安装时应利用水平尺校正立柱竖直度，最后用扳手把螺栓均匀拧紧，用水泥砂浆对加劲法兰盘与基础之间的缝隙进行封闭。

6 标志板安装到位后，应调整标志板面平整度，根据设置地点公路的平、竖曲线线形调整标志板安装角度，标志板安装角度应满足设计文件要求，设计文件无要求时，应符合下列规定：

1）路侧标志宜与公路中线垂直或成一定角度，其中，禁令和指示标志为0°~45°，指路和警告标志为0°~10°。

2）悬臂、门架或附着式支撑结构标志板面应垂直于公路行车方向，标志板面宜前倾0°~15°。

7 标志板安装完毕后应进行板面清洁，清洁过程中不应损坏标志面或产生其他缺陷。

3.3.8 里程碑、百米桩、公路界碑的施工应符合下列规定：

1 里程碑、百米桩、公路界碑应按设计文件要求的里程准确定位和设置。

2 里程碑、百米桩、公路界碑等混凝土预制件的施工及强度应符合现行《公路桥涵施工技术规范》（JTG/T 3650）和设计文件的规定。

3 除设计文件另有规定外，里程碑、百米桩、公路界碑应按现行《道路交通标志和标线》（GB 5768）的规定制作。

3.4 质量过程控制

3.4.1 交通标志基础施工过程应按下列规定进行质量控制：

1 基础应依据设计位置放样，门架式交通标志两个立柱中心之间的连线应与道路中心线垂直，允许偏差为±1°。

2 基坑尺寸不应小于设计值，基础埋深应符合设计要求。

3 基坑的地基承载力应满足设计文件的规定。设计文件中未规定时，地基承载力应不小于150kPa。

4 钢筋应平直、无弯折，表面应洁净，无油渍、漆皮、鳞锈。每片受力钢筋网应在中断面取一点进行检查。钢筋位置允许偏差见表3.4.1-1。

表 3.4.1-1 钢筋位置允许偏差

检 查 项 目		允 许 偏 差
受力钢筋间距（mm）		±10
钢筋骨架尺寸（mm）	长	±10
	宽、高	±5
保护层厚度（mm）		+10，0

5 模板不得有移位和凸出，应对其平面位置、顶部高程、节点联系及纵横向稳定性进行检查。模板安装规定值或允许偏差见表3.4.1-2。

表 3.4.1-2 模板安装规定值或允许偏差

检 查 项 目	规定值或允许偏差
模板高程（mm）	±10
模板内部尺寸（mm）	±20
相邻两板表面高低差（mm）	≤2
表面平整度（mm）	≤5
预埋件中心线位置（mm）	±3

6 浇筑混凝土前后均应用水平尺等仪器检查法兰盘水平情况，法兰盘平整度应符合表3.4.6的规定，预埋件应齐全，地脚螺栓外露部分应妥善保护。

7 混凝土外露表面应密实、平整，蜂窝、麻面面积不超过结构同侧面积的0.5%，不得有肉眼可见的明显裂缝。混凝土强度检测应符合现行《公路工程质量检验评定标准 第一册 土建工程》（JTG F80/1）的规定。

8 基础顶面平整度应符合表3.4.6的规定。

3.4.2 钢构件安装前应按下列规定进行质量检查：

1 所有钢构件应无变形或损坏。

2 所有钢构件防腐层应均匀、颜色一致，不得有流挂、滴瘤或多余结块，表面应无缺漏、损伤等缺陷。

3 用钢卷尺或游标卡尺测量立柱、横梁的断面尺寸，应符合设计要求，用钢尺测量标志立柱、横梁的制作长度，与经现场调整确定的长度允许偏差为±5mm。

4 法兰盘尺寸应正确，连接紧密，无裂纹、未熔合、夹渣、凹槽等缺陷。抱箍、扣压块、螺栓、螺母等紧固件应符合设计要求。

3.4.3 交通标志立柱等支撑结构安装应按下列规定进行质量控制：

1 标志立柱、横梁的焊接部分质量应符合现行《公路桥涵施工技术规范》（JTG/T 3650）的规定，无裂缝、未熔合、夹渣等缺陷。

2 应用垂线、直尺或经纬仪由相互垂直的两个方向测量检查立柱竖直度，允许偏差应符合表3.4.6的规定。

3 各部位连接螺栓应齐全、拧紧程度应一致。

3.4.4 标志面制作应按下列规定进行质量检查：

1 标志面应清洁、平整完好，无起皱、开裂、缺损或凹凸变形，标志面任一处面积为500mm×500mm的表面上，气泡总面积不得大于10mm^2。

2 用钢卷尺或万能尺等检查外形尺寸，外形尺寸允许偏差为±5mm。标志板长度大于1.2m时，允许偏差为其外形尺寸的±0.5%，板面平面度不应大于7mm/m。

3 反光膜拼接应符合本规范第3.3.5条的要求。

4 标志面汉字、拉丁字母、阿拉伯数字的字体应采用交通标志专用字体，并符合现行《道路交通标志和标线》（GB 5768）和设计文件的规定。

3.4.5 交通标志板安装应按下列规定进行质量检查：

1 柱式标志板、悬臂式和门架式标志立柱的内边缘距土路肩边缘线的距离应符合设计文件要求或表3.4.6的规定。

2 悬臂、门架式等标志板最不利处下缘距路面高差应符合设计文件要求或表3.4.6规定。

3 标志板安装后应平整，安装角度应符合本规范第3.3.7条的规定。

3.4.6 施工过程中应加强质量检查，各检查项目应符合表3.4.6的规定。

表3.4.6 交通标志施工质量过程控制项目

项次	检查项目	规定值或允许偏差	检查方法
1	标志面反光膜逆反射系数	满足设计要求	逆反射系数测试仪
2	标志板下缘至路面净空高度（mm）	+100，0	经纬仪、全站仪或尺量
3	柱式标志板、悬臂式和门架式标志立柱的内边缘距土路肩边缘线距离	满足设计要求	尺量
4	立柱竖直度（mm/m）	≤3	垂线法
5	基础顶面平整度（mm）	≤4	尺量
6	法兰盘平整度（mm/m）	≤4	水平尺量
7	标志基础尺寸（mm）	+100，-50	尺量

3.4.7 标志安装后宜检查所有标志夜间视认性。检查时，应在夜间采用小客车和大货车按限制速度值行驶，要求在车灯照射下，标志版面底色和字符应清晰明亮，颜色均匀，不得出现明暗不均现象。

3.4.8 根据需要，在开放交通后，可结合交通标志反光膜设计使用年限，每隔半年或定期对其逆反射系数进行 1 次跟踪检测。

条文说明

满足要求的交通标志逆反射系数才能保障其夜间视认效果。交通标志反光膜随着时间的推移，性能将有所下降。为避免劣质反光膜易老化、反光性能下降严重的问题，建议持续监测其使用期间逆反射性能的衰减情况，可以结合其设计使用年限，每隔半年或定期对其逆反射系数进行 1 次跟踪检测，根据合同约定和检测结果进行处理。

4 交通标线

4.1 一般规定

4.1.1 新铺沥青路面的交通标线施工,可在路面施工完成7d后开始。新建水泥混凝土路面的交通标线施工,应在混凝土养护膜老化起皮并清除后开始。

条文说明

新建沥青路面因沥青材料中含有未挥发的化学成分,易造成对标线的污染并有可能影响标线与路面的牢固黏结,故要使其挥发一段时间。新建水泥混凝土路面在混凝土养护成型后会在混凝土表面残留灰浆皮及混凝土养护膜,易造成标线剥离,要在混凝土养护膜老化起皮并清除后再施划标线。

4.1.2 交通标线宜在白天施工。在雨、雪、沙尘暴、强风、气温低于材料规定施工温度的天气,应暂停施工。

条文说明

雨、雪等恶劣天气会影响路面与涂料之间的黏结,沙尘暴、强风会影响标线施工的作业。对于标线涂料、下涂剂、突起路标胶粘剂等材料,施工时的气温也要符合相应的使用规定。

4.1.3 突起路标宜在交通标线施工完成后安装,且不得影响标线质量。

4.1.4 清除原有交通标线、突起路标时,应清理干净并不得损坏路面。

条文说明

交通标线的清除方法有高压水射流法、刷擦清除法、喷砂清除法、铣刨清除法、打磨清除法等,选用时可以综合考虑经济成本、施工效率、清除效果等因素。突起路标清除时,也需要采用适宜的工具,以免损坏路面。

4.2 材料

4.2.1 标线材料的技术指标，应根据设计文件的要求，考虑公路所在区域、施工季节、路面情况等条件确定。

条文说明

标线材料采购时，其技术指标需考虑标线应用的实际情况。如对于寒冷地区，需重点考虑标线的低温抗裂性；对于多雨地区，需重点考虑标线的耐水性；对于高海拔地区，需重点考虑标线的耐紫外线、耐候性能。

4.2.2 除设计文件另行规定外，交通标线材料的性能、质量应符合现行《路面标线涂料》（JT/T 280）、《路面标线用玻璃珠》（GB/T 24722）、《路面防滑涂料》（JT/T 712）、《路面标线材料有害物质限量》（JT/T 1326）、《立面反光标记涂料》（JT/T 1327）、《道路交通标线质量要求和检测方法》（GB/T 16311）和《道路预成形标线带》（GB/T 24717）等的规定。

条文说明

现行《路面标线涂料》（JT/T 280）、《路面标线用玻璃珠》（GB/T 24722）、《路面防滑涂料》（JT/T 712）、《路面标线材料有害物质限量》（JT/T 1326）、《立面反光标记涂料》（JT/T 1327）、《道路交通标线质量要求和检测方法》（GB/T 16311）和《道路预成形标线带》（GB/T 24717）等标准对标线材料的技术要求、性能有明确的规定，如玻璃珠的成圆率、粒径分布、色度性能、有害物质含量等，除设计文件另行规定外，要予以执行。

4.2.3 除设计文件另行规定外，突起路标的性能应符合现行《突起路标》（GB/T 24725）的规定，胶粘剂可采用耐候性专用沥青胶或环氧树脂，其胶接性能指标应满足现行《突起路标胶粘剂胶接性能指标及试验方法》（JT/T 968）的要求。

条文说明

现行《突起路标》（GB/T 24725）对突起路标的技术要求、性能有明确规定，除设计文件另行规定外，要遵照执行。突起路标胶粘剂主要有环氧树脂和专用沥青胶两种，其中专用沥青胶适用于沥青路面。

4.2.4 除设计文件另行规定外，标线涂料使用说明书中应提供预混玻璃珠的比例、面撒玻璃珠的撒布量，以及推荐的施工条件、施工设备和施工工艺。双组分涂料使用说明书中还应提供各组分的混合配比。

4.3 施工

4.3.1 交通标线宜采用机械化施工。施工专用机械设备应符合设计文件或产品使用说明书的规定。

4.3.2 交通标线正式施划前应在试验路段进行试划。试验路段应有代表性，长度不宜短于200m，高速公路、一级公路可按单向计算。

4.3.3 试验路段应结合设计文件和交通标线材料使用说明书的规定对划线车的行驶速度，试划标线的长度、宽度、厚度，玻璃珠面撒率，标线的逆反射亮度系数等进行现场检测，确定施工参数。检测结果符合规定时，施工参数可作为正式施工的依据；否则应调整施工参数，直至检测结果符合规定为止。

4.3.4 交通标线的施工应符合下列规定：
1 路面清洁。路面应清洁干燥，不得存在松散颗粒、灰尘、沥青渣、油污或其他有害材料。
2 标线放样。应根据设计文件的要求确定标线位置、宽度、长度，标线应与公路线形相协调，流畅美观。
3 确定参数。应根据试验路段确定的施工参数进行施工。
4 预留位置。应采取措施为位于禁止跨越同向或对向车行道分界线上的突起路标预留位置。
5 溶剂型涂料标线施工。溶剂型涂料标线可用气动喷涂机或高压无气喷涂机等设备施工。采用气动喷涂机时，应控制好稀释剂用量和喷涂直径。条件允许时，宜采用高压无气喷涂机施工。施工完成后15min，不得受到车辆碾压。标线干燥后，可开放交通。
6 热熔型涂料标线施工。热熔型涂料标线施工时，应在路面上先涂抹60～230g/m²的下涂剂。下涂剂不粘车轮胎、不黏附灰尘和砂石时，可进行标线涂布作业。根据热熔型涂料采用的树脂类型和配方，将热熔型涂料加热至180～220℃之间的合适温度后，可用划线机涂敷于路面，同时撒布玻璃珠，撒布时间应严格控制。施工完成后5min，涂料不粘车轮胎时，可开放交通。
7 水性涂料标线施工。水性涂料标线应采用专用设备施工。施工前应根据施工工艺要求对设备进行调试，施工过程中应注意对设备行驶速度等喷涂参数的控制。当施工持续时间较长时，应检查涂料喷枪、喷头等配件的磨损情况，并提前准备好替换配件。施工中如有间断或每天工作完成后，应对设备进行及时清洗。施工完成后15min不粘车轮胎时，可开放交通。

8 双组分涂料标线施工。双组分涂料标线应采用专用设备施工。施工前应将主剂、固化剂组分按产品说明书规定的比例搅拌均匀,其中固化剂组分用量应根据环境温度等进行调整。施工过程中应注意各组分出料量的控制,并结合实际情况对设备压力、喷嘴口径、涂料黏度等进行调整。施工后应按设备生产厂家提供的方法对设备进行及时清洗。施工完成后60min不粘车轮胎时,可开放交通。

9 预成形标线带施工。预成形标线带可分为自带背胶型和底胶、标线带分离式两种。自带背胶型预成形标线带可在清理拟划线区域后直接铺装,然后进行压实;底胶、标线带分离式预成形标线带应先清理拟划线区域,然后涂布底胶,最后铺筑标线带并进行压实。

10 跟踪检测。交通标线施划过程中应对交通标线厚度、逆反射亮度系数等检查项目进行跟踪检测,检测频率宜为每150m检测1次。

11 改扩建工程。改扩建工程标线施工可在施工过程中根据设计文件的规定临时施划溶剂型标线;在全幅路面施工完成后,可在溶剂型标线上施划热熔型标线。

条文说明

2 确定标线位置可采用施划基准线的方法。首先按设计文件中交通标线与公路中心线的距离确定基准点。一般直线路段间距10~20m确定一个基准点,曲线路段间距10m确定一个基准点;然后用线绳连接基准点放出基准线。大规模标线施工时,建议采用车载放线设备完成;具体放样时,要按设计文件中的图案和位置,使用粉笔、油漆和测量工具等在路面上做好标记。放样后要核准基准线位置与设计文件中的位置是否一致。

4.3.5 突起路标的施工应符合下列规定:

1 应根据设计文件的要求确定突起路标的设置位置,突起路标反射体应面向行车方向。

2 路面和突起路标底部应清洁干燥,并涂加胶粘剂。胶粘剂应通过检测单位的抗拉拔能力及抗衰老能力检测。

3 突起路标就位后,应在其顶部施加压力,排除空气,并调整就位。

条文说明

在大多数情况下,突起路标作为交通标线的补充,与涂料标线同时使用。标线大多采用机械施工,行进速度较快,而突起路标要逐个粘贴,速度慢。因此,突起路标施工时不能影响标线施工,最好在标线施工完成后再粘贴突起路标。这样可免除标线施工对突起路标的污染,标线施工完成后,突起路标的施工放样才可以顺利进行。涂料或突起路标与路面结合牢固的重要条件是保持与路面接触面的干净、干燥。路面上的灰尘、泥沙、水分是妨碍涂料或突起路标黏结的主要因素,可以根据不同情况采用扫帚、板刷和燃气燃烧器等工具彻底清除。

根据设计文件的要求确定突起路标的设置位置。突起路标的施工放样工作，一般要沿着标线来定位，反射体要面向行车方向。

由于突起路标种类较多，材料各异，施工方法有所不同。突起路标位置确定后，最常用的方法是把突起路标用胶直接粘在路面上。在黏结前，要用扫帚、刷子、高压喷嘴吹风等办法清理路面。用刮刀把胶粘剂涂抹在路面上和突起路标底部，突起路标就位后，在突起路标顶部施加压力，排除空气，再一次调整就位。若采用强化玻璃突起路标，则要在路面上钻孔，取出岩芯，清理孔穴后涂胶，突起路标就位后，在突起路标顶部施加压力，排除空气，再一次调整就位。待胶凝固后即可开放交通。

突起路标在胶粘剂固化前不能受力，因此在突起路标施工过程中，一定要做好养护管理和交通诱导工作，在胶粘剂固化前一定要避免车辆冲压突起路标，待胶粘剂固化后，才可以开放交通。

突起路标施工时胶粘剂要符合产品说明书中的要求，并保证胶粘剂饱满、均匀。

4.4 质量过程控制

4.4.1 交通标线、突起路标的颜色、形状、文字、图案和尺寸应符合现行《道路交通标志和标线》（GB 5768）和设计文件的规定。

4.4.2 交通标线、突起路标的设置位置应符合设计文件的规定。

4.4.3 标线线形应流畅，与公路线形相协调，其中曲线标线应圆滑，不得出现折线。

条文说明

无论是纵向标线、横向标线，还是立面标记，所划线条规范、美观，尺寸正确，是最重要的。只有线形流畅，与公路线形相协调，曲线圆滑，才会给公路使用者以美感，使驾驶人依靠标线的指引安全行车。

4.4.4 反光标线面撒玻璃珠应撒布均匀、附着牢固、反光均匀，标线的逆反射亮度系数应满足设计文件的规定。

4.4.5 标线涂料表面不应出现网状裂缝、断裂裂缝、气泡、变色、剥落、纵向有长的起筋或拉槽等现象。

条文说明

标线涂料施工完成后，有时会出现一些意外缺陷。这些缺陷影响标线的美观、质量和耐久性。这些缺陷有的是因为涂料原材料质量不佳造成的，有的是因为施工机具故障或划线操作不当造成的，有的是因为公路路面质量和气候因素造成的，因此，标线涂料施工质量问题需从多方面注意解决。

4.4.6 交通标线以外的路面，应保持清洁。当因标线材料导致的污染面积超过 1 000 mm² 时，应进行清除。

4.4.7 交通标线的外观质量、外形尺寸偏差、厚度偏差、色度性能、光度性能和抗滑性能应符合现行《道路交通标线质量要求和检测方法》（GB/T 16311）和设计文件的要求。除施划过程控制交通标线质量外，在开放交通后，可结合其设计使用年限，对在用交通标线每隔半年或定期进行 1 次厚度、光度性能跟踪检测；或按交通标线养护相关标准执行。

条文说明

合理的交通标线厚度可以有效保障其耐久性，满足要求的光度性能可以保障其夜间视认效果。交通标线作为消耗型交通安全设施，为保证其耐久性和反光性能，建议持续监测其使用期间厚度和光度性能的衰减情况，可以结合其设计使用年限，每隔半年对其厚度和光度性能进行 1 次跟踪检测，根据合同约定和检测结果进行处理；或按交通标线养护相关标准的规定执行。

4.4.8 突起路标的色度性能、逆反射性能、抗冲击性能、抗压荷载等应满足现行《突起路标》（GB/T 24725）的规定。

4.4.9 施工过程中的交通标线、突起路标各检查项目应符合表 4.4.9-1、表 4.4.9-2 的规定。

表 4.4.9-1 交通标线施工质量过程控制项目

项次	检 查 项 目		规定值或允许偏差	检 查 方 法
1	标线线段长度（mm）	6 000	±30	尺量
		4 000	±20	
		3 000	±15	
		2 000	±10	
		1 000	±10	
2	标线宽度（mm）		+5，0	尺量
3	标线厚度（干膜，mm）	热熔型	+0.50，-0.10	标线厚度测量仪或卡尺
		其他	满足设计要求	
4	标线横向偏位（mm）		≤30	尺量

续表 4.4.9-1

项次	检查项目		规定值或允许偏差	检查方法
5	标线纵向间距（mm）	9 000	±45	尺量
		6 000	±30	
		4 000	±20	
		3 000	±15	
6	逆反射亮度系数		满足设计要求	标线逆反射测试仪
7	抗滑值（BPN）	抗滑标线	≥45	摆式摩擦系数测试仪
		彩色防滑标线	满足设计要求	

表 4.4.9-2 突起路标施工质量过程控制项目

项次	检查项目	规定值或允许偏差	检查方法
1	安装角度（°）	±5	角尺
2	纵向间距（mm）	±50	尺量
3	横向偏位（mm）	±50	尺量

4.4.10 根据需要，可按现行《道路交通标线质量要求和检测方法》（GB/T 16311）的规定采用钻芯取样方法，对施工完成后热熔型涂料标线预混玻璃珠含量、总有机物含量、重金属含量等进行试验检测。

条文说明

为从源头上保障交通标线的耐久性和反光性能，杜绝交通标线材料制假做假现象的发生，在交通标线施工招标文件中可进行"交通标线成品检测"的规定，并根据试验检测结果制订相关的奖惩措施。

5 护栏和栏杆

5.1 一般规定

5.1.1 护栏和栏杆施工安装前，应现场实地踏勘、检查前道工序。不符合设计要求时，应按本规范第 2.1.3 条的规定处理。

条文说明

现场实地踏勘主要是了解护栏施工所在位置是否与设计图纸相符，如土路肩、石方区、桥梁和涵洞、管线和排水设施的位置等；检查前道工序，主要是确定护栏施工是否具备条件、前道工序是否符合设计要求，如路基土压实度、地基承载力、桥梁护栏和栏杆预埋件设置位置、预埋套筒深度、钢构件防腐质量等。前道工序的质量优劣直接影响到护栏防护能力的发挥。

对不符合设计要求的前道工序，由建设单位确定相关单位进行处理，直至达到要求并通过验收为止。

5.1.2 缆索护栏、波形梁护栏的路基土压实度和混凝土护栏的地基承载力应符合设计文件的规定。路基压实度可采用灌砂法、环刀法或核子密湿度仪法等方法进行检测；地基承载力可采取直观或触探等方法进行检测。检测频率为沿护栏平面投影每 1 000m 不少于 2 点，或结合护栏所在位置、路基设计图纸和监理验收资料确定。

5.1.3 立柱打入的护栏宜在水泥混凝土路面、沥青路面下面层施工完毕后施工，不得早于路面基层施工，并控制好护栏立柱高程。混凝土护栏可在路面基层施工完毕后路面摊铺前施工。

条文说明

本条为本次修订新增内容，规定了护栏施工的时间节点，便于和其他工序相协调。

5.1.4 护栏立柱采用打入法施工时，应与通信管道、电力管道和排水设施的施工相协调。排水设施与护栏冲突时，宜修改排水设施的位置，或根据实际情况变更护栏设计。

条文说明

护栏立柱打入时，要和排水设施相协调，既便于护栏立柱打入，又避免破坏排水边沟或盖板等排水设施。

5.1.5 桥梁护栏和栏杆应在桥梁车行道板、人行道板、混凝土铺装层施工完毕，跨中支架及脚手架拆除后桥跨处于独立支撑的状态时方能施工。混凝土桥梁护栏应在桥面的两侧对称进行施工。

5.1.6 对于需要焊接加工的金属护栏和栏杆，应在防腐处理前加工成型，并在防腐处理前对所有外露焊缝做好磨光或补满的清面工作。

5.1.7 中央分隔带开口护栏、缓冲设施的施工应符合设计文件和产品使用说明书的要求。

5.1.8 中央分隔带开口护栏的端头基础和预埋基础应在路面面层施工前完成，其余部分应在路面施工后安装。

5.1.9 缓冲设施应在路面施工后安装。

5.1.10 混凝土护栏长度较长、现场条件允许时，可采用滑模施工。施工时，应加强混凝土运输组织，保证供料速度与浇筑速度相适应。

条文说明

滑模施工速度快、护栏线形顺畅，适合在中央分隔带施工，在路侧施工时需要有一定的作业面。普通公路平曲线半径较小的路段，不具备条件，不适宜采用滑模施工。

5.1.11 改扩建工程护栏施工应根据改造设计方案进行。

5.1.12 所有护栏和栏杆产品到场后，应按施工路段或产品到场批次根据本规范第2.1.4条的规定进行抽样检查，产品质量应符合相关标准的要求。

5.1.13 所有钢构件均应进行防腐处理。除本规范和设计文件另行规定外，防腐处理均应满足现行《公路交通工程钢构件防腐技术条件》（GB/T 18226）的规定。螺栓、螺母等紧固件和连接件在防腐处理后，应清理螺纹或进行离心分离处理。

条文说明

现行《公路交通工程钢构件防腐技术条件》（GB/T 18226）中对钢构件防腐的几种形式：热浸镀锌、热浸镀铝、涂塑、热浸镀锌（铝）后涂塑等的防腐技术条件都做了规定。目前国内常用、工艺比较成熟、成本较低、使用效果也较好的是热浸镀锌，可以优先采用。涂塑和热浸镀锌（铝）后涂塑的工艺可有效增加钢构件的美观程度，但耐久性稍差，目前主要用于隔离栅和桥梁护网的防腐处理。随着工艺的不断改进，其防腐效果有切实保证后，可以推广用于钢护栏的防腐。

为使螺栓、螺母能很好地工作，需要把经过防腐处理的螺栓、螺母进行螺纹清理或做离心分离处理。

5.1.14 每一工序满足质量要求时，可进入下一工序。

5.2 缆索护栏

5.2.1 除设计文件另行规定外，路侧及中央分隔带缆索护栏所用的各种材料的规格、材质均应符合现行《缆索护栏》（JT/T 895）、《公路护栏用镀锌钢丝绳》（GB/T 25833）及《钢结构用高强度大六角头螺栓、大六角螺母、垫圈技术条件》（GB/T 1231）等的要求，其中厚度为防腐处理前的厚度。

5.2.2 立柱放样时，应符合下列规定：
1 应根据设计文件和现场桥梁、涵洞、通道、路线交叉、隧道等的分布确定控制立柱的位置，并测定控制立柱之间的间距，据此调整端部立柱、中间端部立柱、中间立柱的设置位置。
2 应调查立柱下是否存在地下管线、构造物等设施并进行适当处理。

条文说明

1 在放样前先确定好控制点（即控制立柱的位置）是非常重要的。缆索护栏是沿公路设置的连续性结构，它们与公路上的各种构造物需进行很好地协调配合。在大、中桥的桥头，缆索护栏与桥梁护栏有过渡的问题；在互通式立体交叉的进、出口匝道的分、合流处，缆索护栏有端头处理的问题；在小桥、通道、明涵处，有缆索护栏如何跨越的问题等。选择控制点的目的就是为了使护栏的布设更趋合理、施工更加方便。在控制点的位置大致确定后，可以根据设计文件的要求，对端部立柱、中间端部立柱、中间立柱的位置进行最后调整、定位。

2 对地下管线、构造物等隐蔽工程的了解要周详、仔细并进行适当处理，这样可以减少在护栏安装过程中的损失。

5.2.3 端部立柱和中间端部立柱施工时，应符合下列规定：

1 应根据设计文件的要求，将立柱、斜撑及底板焊接成牢固的三角形支架。

2 应根据最终确定的立柱位置开挖基坑、浇筑混凝土基础，到达规定高程时，应对三角形支架进行准确定位。基坑开挖、地基检验、地基处理及混凝土的浇筑应符合现行《公路桥涵施工技术规范》（JTG/T 3650）及设计文件的规定。

3 位于桥梁、涵洞、通道、挡土墙等构造物的端部立柱和中间端部立柱，应根据设计文件的要求进行基础预埋。

4 混凝土基础尺寸和立柱埋深应满足设计文件要求。

条文说明

1 端部立柱和中间端部立柱均由立柱、斜撑和底板构成三角形支架。在安装之前，要按设计文件的要求，对各部件进行加工、钻孔，并进行焊接、防腐处理。

2 基础埋设于土基中时，要根据混凝土基础的位置放样，根据放样线开挖基坑，并严格控制基坑尺寸。达到规定高程后，开始铺砌基底的片石混凝土，经夯实后，架立符合设计规格的模板，安装稳固后即可浇筑混凝土。混凝土达到规定高程时，安放三角形支架并准确定位。为使端部立柱或中间端部立柱的位置和高程在混凝土振捣过程中不变形，要采用临时支架。基础混凝土浇筑完成后，要注意对基础混凝土进行养护，直到混凝土强度能保证其表面及棱角不因拆除模板而受损坏时方可拆除模板。拆模后如发现混凝土质量有问题，要采取补救措施。处理合格后，才能进行基础回填土，分层夯实，直到规定的高程。

3 端部立柱或中间端部立柱的基础要尽量避免与各种构造物连在一起，如端部立柱的基础落在人工构造物中时，则要在构造物的水泥混凝土浇筑前，按设计文件的要求设置预埋件，混凝土达到规定强度时再安装端部立柱或中间端部立柱。

5.2.4 中间立柱施工时，应符合本规范第5.3.4条的规定。

5.2.5 中间立柱或中间端部立柱上的托架安装时，应按设计文件规定的托架编号和组合正确安装。

条文说明

中间立柱或中间端部立柱上安装的托架，要首先确认缆索护栏的类别及相应的托架编号和组合，在核对无误后即可开始安装托架。缆索护栏的托架要朝向车行道，上托架和下托架在安装前要分清楚。托架要按设计文件的要求用螺栓固定在立柱上。

5.2.6 缆索架设时，应符合下列规定：

1 架设缆索前，应先检查端部立柱、中间端部立柱和中间立柱的位置是否正确，立柱与基础连接的牢固程度，以及立柱的竖直度、高程等是否满足设计要求。确认无误时，方可进行下道工序的施工。

2 缆索应在端部立柱和中间端部立柱的混凝土基础达到设计强度的80%以上时架设。

3 缆索应支放在立柱的内侧，通过中间支架向另一端滚放。不得在路面上长距离拖拽缆索。

4 可用楔子固定或注入合金的方法将一端的缆索锚固在索端锚具上，如图5.2.6-1所示。

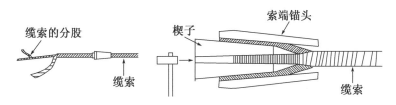

图5.2.6-1 缆索的分股和楔子锚固

5 应在另一端部立柱或中间端部立柱上设置倒链滑车或杠杆式倒链张紧器将缆索临时拉紧，如图5.2.6-2所示。C级、B级和A级缆索护栏的初拉力应为20kN，其他构造或等级的缆索护栏初拉力应符合设计文件的规定。

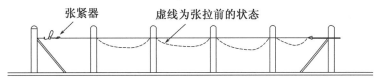

图5.2.6-2 临时张拉缆索

6 应根据索端锚具的规格，切断多余的缆索，如图5.2.6-3所示。缆索切断面应垂直整齐，不得松散，可按本条规定的方法锚固在索端锚具上。

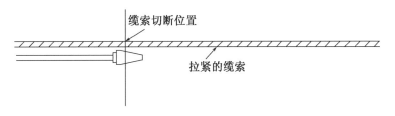

图5.2.6-3 缆索切断的位置

7 索端锚具安装到端部立柱或中间端部立柱后，可卸除临时张拉力。

8 缆索调整完毕后，应拧紧各中间立柱、中间端部立柱托架上的夹扣螺栓。端部立柱调节螺杆行车方向外露部分不宜过长，否则应按设计文件或相关标准的规定进行安全防护处理。

条文说明

3 把缆索支放在立柱的内侧（即车行道一侧），可以用专门的滚盘或人工放缆索，在滚放缆索的过程中，要避免把整盘钢丝绳弄乱，不能使钢丝绳打结、扭曲受伤，要避免在路面上长距离拖拽，直到把缆索从端部立柱的一端滚放到另一端的端部立柱或中间端部立柱为止。

4 在安装缆索前，要先把缆索固定在索端锚具上。固定的方法有楔子固定法和注入合金法。

（1）楔子固定法：先把缆索插入索端锚头中，然后把缆索按股解开，解开的长度按索端锚头的尺寸来确定，然后用小锤子把铝制楔子紧紧地打入插座中，缆索被楔子锚住。

（2）注入合金法：先把缆索插入索端锚头中，然后把缆索先按股解开，接着把每股钢丝绳按单丝分开，并把每根钢丝绳都调直，经除油处理后，即可往索端锚头中灌注合金，冷却后缆索被锚住。

可以根据施工条件选用其中一种。把缆索固定在锚具上后，装上拉杆调节螺栓，并把索端锚具安装到端部立柱上。

5 把索端锚具装到端部立柱上后，把拉杆螺栓调节好，就可以顺着中间立柱把缆索临时夹持在托架的规定孔槽中，一直把缆索连接到另一端部立柱或中间端部立柱上，这时的缆索完全处于松弛状态。此时要利用缆索张紧设备临时拉紧。张紧设备可以采用倒链滑车、杠杆式倒链张紧器或其他张紧设备。在钢丝绳与张紧器之间通过钢丝绳夹固定，逐渐把钢丝绳拉紧。根据规定，C级、B级和A级缆索护栏的初拉力为20kN。在临时张拉的过程中要不断检查托架上的索夹保持放松状态，并在各中间立柱之间不断向上挑动缆索。缆索拉至规定初拉力后，持荷3min。除了现行《公路交通安全设施设计细则》（JTG/T D81）中提到的三种缆索护栏外，其他根据需要开发的满足现行《公路护栏安全性能评价标准》（JTG B05-01）的缆索护栏，其初张力及持荷时间，参考相应的缆索护栏产品的安装说明书。

6 在临时张紧状态下，可以根据索端锚具的尺寸确定切断缆索的正确位置。切断缆索的断面要垂直整齐，为防止钢丝松散，可以在切断处两端用铁丝绑扎。缆索的切割一般用高速无齿锯，以避免引起钢缆端部退火。缆索切断后可以按本条规定的方法锚固在索端锚具上。

7 缆索与索端锚具固定后，即可与拉杆螺栓连接，并安装到端部立柱上，这时可以卸除临时张拉力，缆索已经被紧紧地架设在护栏立柱上了。

8 每段护栏的所有缆索要自上至下连续完成。每段护栏的缆索架设完毕后，要进行全面检查缆索的张紧程度。检查合格后，可以逐个拧紧托架上的索夹，把缆索的位置固定。同时，拧紧拉杆螺栓上的调整螺母，把缆索固定好。

5.2.7 缆索护栏应按下列规定进行质量过程控制：

1 立柱埋深不得小于设计值。

2 立柱顶部不应出现明显的变形、倾斜、扭曲或卷边等现象。

3 索端锚具、托架、索夹螺栓应安装到位、固定牢固。托架组合应与缆索护栏的类别相适应。

　　4　钢构件表面不得有气泡、剥落、漏镀及划痕等表面缺陷。

　　5　直线段护栏应线形平顺，曲线段护栏应圆滑顺畅。

　　6　立柱中距、立柱竖直度、缆索的高度和索间距应满足设计文件和本规范的要求。

　　7　施工过程中应加强质量检查，各检查项目应符合表5.2.7的规定。

表 5.2.7　缆索护栏施工质量过程控制项目

项次	检 查 项 目	规定值或允许偏差	检 查 方 法
1	初张力	±5%	张力计
2	最下一根缆索的高度（mm）	±20	尺量
3	立柱中距（mm）	±20	尺量
4	立柱竖直度（mm/m）	≤10	垂线法
5	立柱埋置深度	满足设计要求	尺量或埋深测量仪测量立柱打入后定尺长度
6	混凝土基础尺寸	满足设计要求	尺量

条文说明

　　如果缆索护栏工程在验收前提交的技术资料齐备，端部基础施工作为隐蔽工程已做过中间验收，则在工程验收时重点进行外观抽查。如缆索护栏施工完成后提交的技术资料不全，在施工过程中也没有组织中间检查，则在缆索护栏工程验收时，针对资料短缺的部分要进行逐项抽查。缆索护栏工程验收的外观抽查，着重在缆索护栏的整体性能。缆索护栏要具有美观的外形，特别需要与公路纵向、横向线形和公路景观相协调。

5.3　波形梁护栏

5.3.1　除设计文件另行规定外，路侧及中央分隔带波形梁护栏所用的各种材料的规格、材质均应符合现行《波形梁钢护栏　第1部分：两波形梁钢护栏》（GB/T 31439.1）、《波形梁钢护栏　第2部分：三波形梁钢护栏》（GB/T 31439.2）及《结构用冷弯空心型钢》（GB/T 6728）等的要求，其中厚度为防腐处理前的厚度。

5.3.2　在现场的波形梁板应堆放整齐，堆放高度不宜过高。

条文说明

　　现场的波形梁板堆放高度不能过高，以避免堆放或取用时发生倾覆。

5.3.3　立柱放样时，应符合下列规定：

　　1　应根据设计文件进行立柱放样，包括过渡段及渐变段的护栏立柱，并以桥梁、通道、涵洞、隧道、中央分隔带开口、互通式立体交叉等为控制立柱的位置，进行测距定位。

2 立柱放样时可利用调节板调节间距，并利用分配方法处理间距零头数。

3 应调查立柱所在位置是否存在地下管线、排水沟、泄水槽等设施，或构造物顶部埋土深度不足的情况。

5.3.4 立柱施工时，应符合下列规定：

1 立柱纵向和横向位置应符合设计文件的规定，并与公路线形相协调。

2 位于土基中的立柱，宜采用打入法施工；位于石方区或填石区的立柱，宜采用钻孔法施工，也可采用挖埋法施工，或根据设计文件的要求设置混凝土基础。

3 采用打入法施工时，立柱表面可标注表示打入深度的刻度尺。打入过深时，不得将立柱部分拔出加以矫正，应将其全部拔出，将基础压实到设计规定的要求后再重新打入。立柱无法打入到要求深度时，不得将立柱的地面以上部分焊割、钻孔，不得使用锯短的立柱，宜采用钻孔法安装立柱，也可采用挖埋法安装立柱，或依据设计变更的要求改成混凝土基础。

4 采用钻孔法施工时，可根据土质条件确定钻孔深度，立柱固定后缝隙应灌注砂浆或混凝土并夯实。

5 采用挖埋法施工时，回填土应分层夯实，每层回填土厚度不应超过15cm，回填土的压实度不应小于设计规定值。填石路基中的柱坑，应用粒料回填并夯实。挖埋法施工时，也可直接回填混凝土并振捣。

6 在铺有路面的路段设置立柱时，柱坑从路基至面层以下5cm处应采用与路基相同的材料回填并分层夯实，余下部分应采用与路面相同的材料回填并压实。

7 位于小桥、通道、明涵等混凝土基础中的立柱，设置在预埋的套筒内时，可通过灌注砂浆或混凝土固定；通过地脚螺栓与混凝土基础相连时，应控制立柱的安装方向和高程。

8 护栏渐变段、过渡段及端部的立柱，应按设计文件规定的位置进行安装。

9 立柱安装就位后，其水平方向和竖直方向应形成平顺的线形，立柱端部不得有明显的变形、破损。

10 立柱位于排水设施位置处时，施工安装后应使用砂浆灌满立柱周围的缝隙，并在表面涂抹沥青。

条文说明

2~5 路基段护栏立柱因土质的不同而采用不同的施工方法，常用的有下列几种：

（1）打入法：适用于路基土中含石料很少的路段。在设置护栏立柱的位置，直接用打桩机（如气动打桩机、振动打桩机等）把立柱打入土中。采用打桩机打入立柱，可以精确控制立柱的位置和打入的深度。

（2）钻孔法：适用于打入法有困难的路段。在设置护栏立柱的位置处用螺旋钻孔机或冲击钻等机械钻孔定位，柱孔直径在30cm左右。柱孔钻好后，要检查孔径、深度、竖直度。合格后，才能进行立柱的埋设与安装。

（3）挖埋法：适用于打入法有困难的路段。挖埋法可用人工挖孔，主要工具是钢钎和掏勺。在设置护栏立柱的位置开挖直径不小于30cm的孔穴，达规定深度后，放入护栏立柱。定位后，用砂土分层回填夯实，并达到规定的压实度。柱孔挖好后，要检查孔径、深度、竖直度。合格后，才能进行立柱的埋设与安装。

7 护栏立柱设置于构造物中时，要在构造物施工时做好混凝土基础。采用预留孔基础时，要先清除孔内杂物，排出孔内积水。将液态沥青在孔底刷涂一遍，然后放入立柱，控制好高程，即可在立柱周围灌注砂浆或混凝土。在灌注时一定要保持立柱的正确位置和竖直度。灌注完毕并捣实后，可以用沥青封口，以防止雨水漏入孔内；采用法兰盘基础时，要把底座法兰盘和地脚螺栓、螺母清理干净，安装立柱时要控制立柱的方向和高程，调整其位置，经检查合格后方可拧紧法兰盘地脚螺栓。如采用可抽换式基础时，承座器要先固定在构造物中，安装时把立柱插入其中，调整好高度，即可把迫紧器与承座器的连接螺栓拧紧，立柱即被锁固。

8 渐变段及端部为护栏施工中需重点关注的部位，施工中要严格控制其立柱位置，注意线形。

5.3.5 防阻块、托架、横隔梁安装时，应符合下列规定：

1 防阻块、托架应通过连接螺栓固定于护栏板和立柱之间，在拧紧连接螺栓前应调整防阻块、托架使其准确就位。不得改变防阻块、托架的形状，以适应安装条件。

2 防护等级为SA、SS和HB级的路侧波形梁护栏以及防护等级为SAm、SSm和HBm级的分设型波形梁护栏在安装防阻块时，应同时安装上层立柱，线形应与下层立柱相同。

3 设有横隔梁的中央分隔带护栏，应在立柱准确定位后安装横隔梁。在护栏板安装前，横隔梁与立柱间的连接螺栓不应过早拧紧。

条文说明

1 防阻块能防止立柱阻绊车轮，避免护栏局部受力、减小碰撞时车辆的加速度。托架适用于路肩较窄或护栏设置防阻块受限的情况。在安装时，要保证使其准确就位。在调整好立柱后，即可安装防阻块，最后安装波形梁板并进行统一调整。

3 设有横隔梁的护栏，把梁与横隔梁连为一体成为组合型护栏。横隔梁要平行于路面（即垂直于立柱）安装。在安装波形梁板之前不能拧紧横隔梁与立柱的连接螺栓，否则不易进行总体调节。

5.3.6 护栏板安装时，应符合下列规定：

1 护栏板应通过拼接螺栓相互连接成纵向横梁，并由连接螺栓固定于防阻块、托架或横隔梁上。护栏板拼接方向应与行车方向一致，如图5.3.6所示。拼接螺栓应采用高强度螺栓或符合设计文件要求。

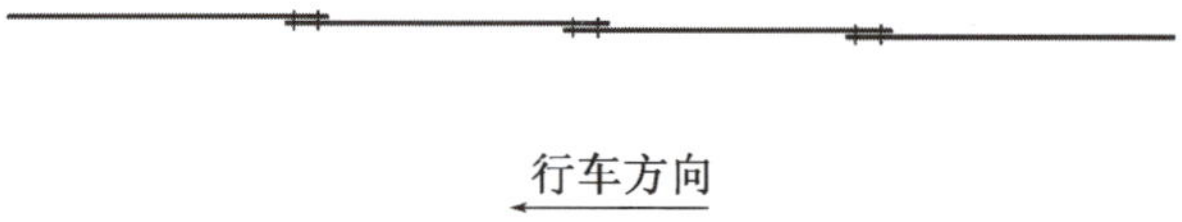

行车方向

图 5.3.6 护栏板拼接方向示意图

2 防护等级为 SA（SAm）、SS（SSm）、HB（HBm）级的波形梁护栏的上层横梁与上层立柱应通过螺栓连接。

3 立柱间距不规则时，可利用调节板、梁进行调节，不得采用现场切割护栏板的方法。

4 所有的连接螺栓及拼接螺栓应在护栏的线形达到规定要求时方能拧紧。终拧扭矩应符合表 5.3.6 的规定。

表 5.3.6 连接螺栓及拼接螺栓的终拧扭矩规定值

螺栓类型	螺栓直径（mm）	扭矩值（N·m）
普通螺栓	M16	60～68
	M20	95～102
	M22	163～170
高强度螺栓		315～430

条文说明

1 波形梁护栏板的搭接方向是安装的关键，搭接方向要与行车方向一致。如搭接方向与图 5.3.6 所示方向相反，即使是轻微的擦碰，也会造成较大的损失。为保证护栏板通过拼接形成牢固的纵向整体横梁，拼接螺栓要采用高强度螺栓或符合设计文件要求。

3 如经调节后出现不规则的立柱间距时，可以利用设计文件中的调节板加以调节，考虑到强度和防腐的因素，不能采用现场切割护栏板的方法。

4 波形梁护栏板在安装过程中需不断进行调整，因此，不能过早拧紧其连接螺栓和拼接螺栓，否则将无法发挥板上长圆孔的调节作用。待调节完成后，需按规定扭矩拧紧拼接螺栓。

5.3.7 端头安装时，应符合下列规定：

1 波形梁护栏应按设计文件的规定进行端部处理，护栏端头应通过拼接螺栓与护栏板牢固连接。拼接螺栓应采用高强度螺栓，或符合设计文件的要求。

2 端头外展埋入路堑土体时，根据定位开挖土体，开挖至能够打入立柱并安装端部结构即可，打入端部锚固立柱并安装端部结构后，回填、夯实土体恢复原土体坡面。

5.3.8 波形梁护栏应按下列规定进行质量过程控制：

1 护栏立柱的埋深、基础规格、土基压实度、端部和过渡段处理应符合设计规范和设计文件的规定。

2 立柱位置、立柱中距、立柱竖直度、波形梁护栏板中心高度应符合设计要求。

3 所有构件不应因运输、施工造成防腐层的损伤。

4 直线段护栏不得有明显的凹凸、起伏现象；曲线段护栏应圆滑顺畅，与线形协调一致。安装于平曲线半径小于或等于70m路段上的护栏，波形梁板加工时，宜弯曲成型。中央分隔带开口护栏与标准段护栏的过渡应与设计文件相符，并按设计文件要求进行可靠连接。

5 波形梁板搭接方向应正确，搭接平顺，垫圈齐备，螺栓紧固。

6 防阻块、托架、横隔梁、端头的安装应与设计文件相符，安装到位，不得有明显变形、扭转、倾斜。

7 波形梁板和立柱不得有现场焊割和钻孔情况。

8 立柱及柱帽安装牢固，其顶部应无明显塌边、变形、开裂等缺陷。

9 施工过程中应加强质量检查，各检查项目应符合表5.3.8的规定。

表5.3.8 波形梁钢护栏施工质量过程控制项目

项次	检查项目	规定值或允许偏差	检查方法
1	波形梁板基底金属厚度	满足设计要求	板厚千分尺、涂层测厚仪
2	立柱基底金属壁厚	满足设计要求	过程检查，千分尺或超声波测厚仪、涂层测厚仪
3	波形梁板横梁中心高度（mm）	±20	尺量
4	立柱中距（mm）	±20	尺量
5	立柱竖直度（mm/m）	≤10	垂线法
6	立柱外边缘距土路肩边线距离（mm）	≥250或满足设计要求	尺量
7	立柱埋置深度	不小于设计要求	尺量或埋深测量仪立柱打入后定尺长度
8	螺栓终拧扭矩	±10%	扭力扳手

条文说明

1 从编写组的调研结果和目前施工中发现的问题来看，一些护栏的设置存在着立柱埋深不足或周围土路肩压实度不足、石方路段和挡土墙上的护栏立柱没有做好生根处理、护栏端部处理和过渡段处理不理想等缺陷，这些缺陷都妨碍了护栏整体功能的发挥，因此施工过程中要重点检查这些问题是否得到了解决。

4 波形梁护栏是一种半刚性结构，施工过程中要注意护栏安装与公路线形的整体协调性。对安装于平曲线半径小于或等于70m路段上的护栏，建议波形梁板在工厂内弯曲成型。曲线半径大于70m时，可以根据设计文件的规定，用立柱间距较小的波形梁板直接安装，但要采取适当措施进行调整。

5~7 这三项对护栏发挥整体防护功能、减小事故严重程度、增加美观效果非常重要,在施工过程中要予以重视。

5.4 混凝土护栏

5.4.1 除设计文件另行规定外,混凝土护栏所用的材料应符合下列规定:
1 水泥、细集料、粗集料、拌和用水、外加剂以及钢筋等材料,应符合现行《公路桥涵施工技术规范》(JTG/T 3650)的规定。
2 钢管桩应符合现行《碳素结构钢》(GB/T 700)的要求。

5.4.2 预制混凝土护栏的施工应符合下列规定:
1 施工场地应平整、坚实、排水良好、交通方便。
2 应采用钢模板,模板长度应根据吊装和运输条件确定,宜采用固定的规格。
3 每块预制混凝土护栏应一次浇筑完成。
4 拆模时间应根据气温和混凝土强度确定,夏季宜在混凝土终凝后24h,冬季以混凝土强度不低于5MPa为宜,拆模不得破坏混凝土表面和棱角。
5 在起吊、运输和堆放过程中,不得损坏混凝土护栏构件的边角,否则在安装就位后,应采用不低于混凝土护栏强度的材料及时修补。
6 混凝土护栏的安装应从一端逐步向前推进,护栏的线形应与公路的平、纵线形相协调。
7 超高路段,应按设计文件要求处理好混凝土护栏的排水问题。

5.4.3 采用固定模板法现场浇筑混凝土护栏应符合下列规定:
1 采用固定模板法施工时,模板宜采用钢模板,钢模板的厚度不应小于4mm。支模时宜在其顶部和底部各设1道对拉螺杆,或采用其他固定模板的装置。
2 浇筑混凝土前,应按设计文件的要求绑扎或焊接钢筋及预埋件。钢模板涂脱模剂后,可浇筑混凝土。
3 应根据环境温度、湿度和混凝土的具体要求等因素确定是否加入外加剂。
4 两处伸缩缝之间的混凝土护栏应一次浇筑完成,伸缩缝应与水平面垂直,宽度应符合设计文件的规定,伸缩缝内不得连浆。
5 混凝土初凝后,不得振动模板,预埋钢筋不得承受外力。
6 拆模时间应根据气温和混凝土强度确定,夏季宜在混凝土终凝后24h,冬季以混凝土强度不低于5MPa为宜,拆模不得破坏混凝土表面和棱角,并应保持模板的完好。拆模后蜂窝、麻面、裂缝、脱皮,经确定无结构性问题,可采用同配合比水泥浆进行修复,或采用颜色一致的修补材料进行修补,可进行必要的打磨。修补后注意养护,避免颜色差异较大。
7 断缝或假缝可在混凝土护栏拆除模板后,按设计文件要求的间距和规格采用切割机切开,并应保证断面光滑、平整。

8 养护应参照现行《公路桥涵施工技术规范》（JTG/T 3650）的有关规定执行。

条文说明

5.4.2~5.4.3 混凝土护栏的浇筑一定要保证混凝土护栏的光滑、平整，这主要是基于下列原因：

（1）由于车辆与护栏碰撞时做连续滑移运动并最终脱离护栏，所以要求护栏与车辆的接触面要光滑，没有明显的突出物，以降低车辆与护栏接触面的摩擦系数，从而延长车辆与护栏的接触时间，减小车辆的加速度，达到保护乘员安全的目的。

（2）对混凝土护栏表面，如采用一般水泥砂浆抹面的方法修整，虽然一定时间内也能起到降低摩擦系数和增加美观的效果，但由于护栏表面要不断承受车辆的碰撞与摩擦，以及气候变化引起的冻融破坏，造成护栏表面脱皮、剥落。结果是护栏外观不但不美观，而且使护栏表面摩擦系数增大，影响了护栏的防撞性能。

因此，混凝土护栏的模板制作要符合本规范及现行《公路桥涵施工技术规范》（JTG/T 3650）的规定。混凝土护栏的模板和脱模剂类别要统一，模板要光洁，无变形、无漏浆，这样才能保证混凝土护栏表面的光滑、平整，使混凝土护栏充分发挥功能。

5.4.4 采用滑模施工法现场浇筑混凝土护栏应符合下列规定：

1 滑模机的选择应根据混凝土护栏基础、上部断面形式等因素，并参考滑模机的性能确定。选用的滑模机的技术指标宜符合表5.4.4-1规定的基本技术参数要求。

表 5.4.4-1 滑模机的基本技术参数表

项 目	发动机最小功率（kW）	浇筑宽度范围（m）	最大浇筑高度	设备稳定性
滑模机	≥60	0.5~1.0	满足设计要求	满足施工质量和稳定性要求

2 滑模施工机械系统应配套齐全，辅助设备的数量及生产能力应满足铺筑进度的要求。可按下列要求进行配备：

1）布料应采用斜向上料的布料机或供料机。

2）断缝或假缝切缝可使用软锯缝机、支架式硬锯缝机或普通锯缝机。

3 应检查并平整滑模机的履带行走区。行走区应坚实，不得存在湿陷等病害，并应清除砖、瓦、石块、废弃混凝土块等杂物。履带行走区部位路基存在斜坡时，应提前整平。

4 浇筑前应检查并调试施工设备。滑模机首次作业前，应挂线对其浇筑位置、几何参数和机架水平度进行设置、调整和校准，满足要求后方可用于浇筑作业。

5 滑模施工护栏前，应根据具体条件准确架设基准线或采用无线基准线。架设基准线时，应符合下列规定：

1）护栏的基准线可设置在护栏内侧不阻碍滑模机行进的位置。

2）基准线桩纵向间距直线段不宜大于10m，竖曲线和平曲线路段宜为5～10m，大纵坡与急弯道可加密布置。基准线桩最小距离不宜小于2.5m。

3）路面基层或面层顶面到夹线臂的高度宜为450～750mm。基准线桩夹线臂夹口到桩的水平距离宜为300mm。基准线桩应固定牢固。

4）单根基准线的最大长度不宜大于450m。架设长度不宜大于300m。

5）基准线宜使用钢绞线。采用直径2.0mm的钢绞线时，张线拉力不宜小于1 000N；采用直径3.0mm的钢绞线时，张线拉力不宜小于2 000N。

6）基准线设置精度应符合表5.4.4-2的规定。

表5.4.4-2 基准线设置精度要求

项　　目	中线平面偏位（mm）	护栏宽度（mm）	护栏高度（mm）	纵断高程（mm）	横坡（%）	连接纵缝高差（mm）
规定值或允许偏差	≤10	±10	±5	±5	±0.10	1.5

7）基准线设置后，应避免扰动、碰撞和震动。多风季节施工，宜缩小基准线桩间距。

6 架设完成的基准线，不得存在肉眼可见的拐点及下垂，并应逐段校验其顺直度及张紧度。

7 施工前，应按设计图纸准确放样，标示出护栏钢筋、接缝和排水等设施的位置。

8 钢筋的加工应符合现行《公路桥涵施工技术规范》（JTG/T 3650）的规定。

9 滑模施工混凝土护栏时，拌合物工作性应满足下列三项要求之一：

1）浇筑时拌合物的坍落度宜控制在15mm以内；出拌和楼（机）时拌合物的坍落度视气温高低与运距远近，由试验确定。

2）水泥混凝土振动出浆量宜控制在1.2kg/16kg以上，具体试验可参照现行《公路工程水泥及水泥混凝土试验规程》（JTG 3420）执行。

10 施工过程中，应始终维持机前拌合物工作性稳定不变，并易于浇筑。

11 护栏防护等级、配筋以及混凝土强度等级应符合现行《公路交通安全设计规范》（JTG D81）和设计文件的要求。

12 严寒和寒冷地区护栏混凝土中应掺引气剂，拌合物含气量宜控制在4%±1%。

13 滑模施工混凝土护栏应符合下列规定：

1）混凝土振捣由设置在滑模机上的振动器完成，振动器应能根据混凝土的坍落度无级调速，一边振动一边前进。振动器的数量可根据混凝土护栏断面形状，配置3～7根左右。

2）滑模机振捣护栏混凝土时，拌合物的工作性应保证能够振动液化，并在推进持续时间内达到密实状态的要求。

3）护栏的施工速度应根据供料快慢、振捣密实程度、浇筑效果等控制，宜在0.75～1.5m/min之间。

4）施工过程中，振捣密实的混凝土脱出滑模模具时，护栏顶面坍落量不应大于3mm，并应在浇筑过程中始终维持恒定，不得塌落后再贴补薄层砂浆局部加高。

5）护栏表面气孔、局部麻面等缺陷可使用专用工具进行人工修正。

6）滑模施工护栏停止后，需再纵向接铺时，应牢固架设刚度足够的端部垂直模板。

7）施工开始和结束时，护栏端部应符合设计文件的要求。

8）护栏断缝或假缝的规格应符合设计文件的规定。设计文件未规定时，护栏纵向宜切断缝或假缝，长度宜为5~10m，年温差较大地区宜取小值；反之，宜取大值。外周切缝最浅不宜小于40mm，并不得切断钢筋，缝宽不宜大于3mm。

9）护栏与硬路肩相接时，其底部应按设计文件的要求设置横向排水孔，排水孔可用木模制作并安装牢固。

条文说明

本条制定的主要依据是《公路水泥混凝土路面施工技术细则》（JTG/T F30—2014）第7章"滑模摊铺机施工"的相关规定，并结合了混凝土护栏施工的实际情况和滑模机的工作性能特点。

5.4.5 混凝土护栏应按下列规定进行质量过程控制：

1 混凝土护栏的线形应与公路线形相一致，直线段不得出现明显的凹凸，曲线段应圆滑顺畅。

2 混凝土护栏外观、色泽应均匀一致，不应出现漏石、蜂窝、麻面、裂缝、脱皮、啃边、掉角以及印痕等现象。

3 混凝土护栏的强度等级、基础处理、地基承载力、端部处理及纵向连接等均应达到设计规范或设计文件的规定值。

4 混凝土护栏施工时，不得损坏已完工的超高路段纵向排水沟、集水井、盲沟及管线等设施。

5 施工过程中应加强质量检查，各检查项目应符合表5.4.5的规定。

表5.4.5　混凝土护栏施工质量过程控制项目

项次	检查项目		规定值或允许偏差	检查方法
1	护栏断面尺寸（mm）	高度	±10	尺量
		顶宽	±5	
		底宽	±5	
2	钢筋骨架尺寸		满足设计要求	过程检查，尺量
3	横向偏位（mm）		±20或满足设计要求	尺量
4	基础厚度		±10%H	尺量
5	护栏混凝土强度		满足设计要求	根据现行《公路工程质量检验评定标准　第一册　土建工程》（JTG F80/1）中规定的"水泥混凝土抗压强度评定方法"检测
6	混凝土护栏块件之间的错位（mm）		≤5	尺量

注：H为基础的设计厚度。

条文说明

1 无论现浇或预制成型的中央分隔带或路侧混凝土护栏，均要与公路线形相一致，不能出现明显的凹凸、折线线形，以保障护栏功能的发挥并增加美观效果。

2 护栏外观要光滑、平整，不能有漏石、蜂窝、麻面、裂缝、脱皮、啃边、掉角以及印痕等现象，不影响结构强度的蜂窝、麻面、裂缝、脱皮等可以进行修补。《公路工程质量检验评定标准 第一册 土建工程》（JTG F80/1—2017）规定：混凝土护栏表面的蜂窝、麻面、裂缝、脱皮等缺陷面积不得超过该面面积的0.5%；深度不超过10mm；混凝土护栏块件的损边、掉角长度每处不超过20mm。

3 混凝土护栏是要承受失控车辆冲击并经受车辆与护栏面巨大摩擦的设施，混凝土护栏要达到设计规范或设计文件的规定值。此外，混凝土护栏的基础、地基承载力、端部处理及纵向连接是护栏功能发挥的重要基础，也要符合有关规定。

4 超高路段中央分隔带护栏施工时，如不加处理，将造成积水、排水不畅。因此，中央分隔带混凝土护栏路段要重视排水问题，并不能损坏已完工的超高路段纵向排水沟、集水井、盲沟管线等设施。

5.5 桥梁护栏和栏杆

5.5.1 除设计文件另行规定外，桥梁护栏和栏杆所用的材料应符合下列规定：

1 钢材应符合现行《碳素结构钢》（GB700）的规定。

2 铝合金材料应符合现行《一般工业用铝及铝合金挤压型材》（GB/T 6892）、《铝及铝合金拉（轧）制无缝管》（GB/T 6893）、《一般工业用铝及铝合金板、带材》（GB/T 3880.1~3）等的规定。

3 配制混凝土所用的水泥、细集料、粗集料、拌和用水、外加剂以及钢筋等材料，应符合现行《公路桥涵施工技术规范》（JTG/T 3650）的规定。

4 拼接螺栓应采用高强度螺栓，并符合现行《钢结构用高强度大六角头螺栓》（GB/T 1228）、《钢结构用高强度大六角头螺母》（GB/T 1229）和《钢结构用高强度垫圈》（GB/T 1230）的有关规定。连接螺栓宜选用普通螺栓，并符合现行《六角头螺栓》（GB/T 5782）、《1型六角螺母》（GB/T 6170）和《平垫圈 A级》（GB/T 97.1）等的规定。

5 所有钢构件均应按本规范第5.1.14条的规定进行防腐处理，其中地脚螺栓在基础表面以下5cm范围内应采取防腐措施。其他材料的防腐处理应符合下列规定：

1）铝合金、不锈钢构件可不进行防腐处理，但在使用盐水除冰或靠近海岸的路段，以及由于长期使用表面变色而影响美观的路段，可采用阳极氧化涂装复合涂料或热固性丙烯树脂涂料进行处理，其涂膜厚度宜为20~30μm。与水泥混凝土或灰浆直接接触的铝合金构件表面应热镀沥青不少于两次，并应在热镀之前清除其表面油脂。

2）不同材质的金属构件互相接触时应根据要求使用非金属套、垫或保护层使两者隔离。

5.5.2 金属桥梁护栏的施工应符合下列规定：

1 已设置护栏预埋件的桥梁，应按本规范第5.1.1条的规定进行检查。准备设置护栏预埋件的桥梁，应符合下列规定：

1）应以桥梁伸缩缝附近的端部立柱作为控制立柱，并在控制立柱之间测距定位。

2）当立柱间距出现零数时，可用分配的办法使其符合横梁规定的尺寸，立柱宜等距设置。

3）在车行道板或人行道板上应准确地设置套筒或地脚螺栓等预埋件，并采取适当措施，使预埋件在桥梁施工期间免遭损坏。

2 护栏安装应符合下列规定：

1）横梁和立柱的安装位置应准确。连接螺栓和拼接螺栓开始时不宜过早拧紧，以便在安装过程中充分利用横梁和立柱法兰盘的长圆孔进行调整，使其线形顺适，不应出现局部的凹凸现象。调整完毕后，应拧紧螺栓。

2）横梁、立柱等构件在安装过程中应避免损坏防腐层。安装完成后，应对被损坏的防腐层采用喷涂无机富锌漆等方法进行修复。

3）所有的连接螺栓及拼接螺栓应在护栏的线形达到规定要求时方能拧紧。终拧扭矩应符合表5.3.6的规定。

条文说明

2 护栏安装前要对立柱基础预埋件的位置进行复测，符合设计要求后方能安装立柱和横梁。安装前要做好施工场地的各项准备工作，安装过程中要特别注意控制螺栓扭矩、焊缝间距、桥梁伸缩缝的设置间距。横梁和立柱的位置要准确。连接螺栓和拼接螺栓初始不能过早拧紧，以便在安装过程中充分利用横梁和立柱法兰盘的长圆孔进行调整，使其线形顺适，不能出现局部的凹凸现象。最后一定要拧紧螺栓。

5.5.3 混凝土桥梁护栏的施工应符合下列规定：

1 混凝土护栏的钢筋应与桥梁梁体的预留钢筋可靠连接，并按设计文件预留管道的位置。

2 宜采用坍落度较小的干硬性混凝土，浇筑时应分层进行，分层厚度不宜超过200mm；振捣时应采取措施使模板表面的气泡逸出。

3 当预制安装的混凝土护栏，在搬运和安装时，应采取保护措施，防止损伤棱角处的混凝土。连接钢板的焊接质量应符合设计文件的要求和本规范的相关规定。

4 混凝土护栏的施工应符合本规范第5.2.3条的规定。采用滑模施工工艺时，桥梁护栏基准线桩可与梁顶预留锚固钢筋临时焊接；桥梁护栏应按设计要求加工钢筋骨架，钢筋骨架应与边板底部伸出的钢筋焊接或绑扎，底部应与边板混凝土连接牢固；铺筑桥梁护栏时，在设钢筋骨架的一个连续节段内，滑模施工不得中断。

5 混凝土护栏伸缩缝内清洁干净后，应填满橡胶或沥青胶泥等弹性、不透水的材料。

6 混凝土护栏施工完成后，其顶面高程和位置应准确，位于曲线路段的护栏线形应平顺。

7 端部翼墙应根据设计文件的要求加工模板，设置在桥梁上或路基段的端部翼墙应采用现场浇筑施工方法，并设置预埋件。

条文说明

1 为便于混凝土护栏与桥梁的车行道板或人行道板之间以及混凝土护栏的纵向牢固连接，混凝土护栏采用就地浇筑的方法进行施工。如果采用预制件时，护栏与车行道板或人行道板间需进行特殊的连接设计，以保证护栏与桥面钢筋的可靠连接。

4 混凝土护栏作为永久性构造物，一方面受气候变化的影响，另一方面受车辆碰撞的摩擦，使表面剥落，护栏表面摩擦系数增大，降低失控车辆改变方向的能力，并影响美观。近几年的工程实践中，特别是在冻融地区，混凝土护栏表面发生啃边和脱皮的现象较为严重。为保证施工质量，混凝土护栏要严格按本规范第5.4节的规定进行施工。

5 伸缩缝要填满橡胶或沥青胶泥等弹性、不透水的材料，伸缩缝内不能有松散的砂浆和活动时有可能剥落的砂浆薄皮。

7 桥梁护栏与路基护栏采用翼墙过渡时，翼墙可以设置在桥梁端部，也可以设置在桥侧的路基上。从施工的方便性、效果及造价等方面考虑，在桥梁端部设置翼墙比较理想。如需设置路基翼墙，则其与桥梁护栏的间距要能保证桥台处的伸缩缝能自由伸缩变形，并要与两侧护栏的有效高度相协调。翼墙要采用现场浇筑混凝土的施工方法，并根据设计文件的要求设置预留连接件。

5.5.4 组合式桥梁护栏的施工应符合下列规定：
1 金属结构部分应符合本规范第5.5.2条的规定。
2 混凝土部分应符合本规范第5.5.3条的规定。

5.5.5 栏杆构件应在人行道板铺设完毕后方可安装，并应符合下列规定：
1 安装栏杆立柱时，应全桥对直、校平，弯桥、坡桥应平顺。
2 栏杆的间距和形式、构件连接、基础固定等应符合设计文件的要求。
3 栏杆不得有面向行人或自行车的连接螺栓等突起物，栏杆之间的接口处不得对行人或自行车等造成伤害。

5.5.6 桥梁护栏的质量过程控制应符合下列规定：
1 桥梁护栏的形式、设置位置、构件规格及基础连接应与设计文件相一致，线形应与桥梁相协调。
2 护栏伸缩缝的宽度应与桥梁主体结构相一致。
3 钢构件应连接牢固，符合设计规范和设计文件的要求。防腐处理表面应光洁，焊缝处不应有毛刺、滴瘤和多余结块,防腐层应均匀。

4 混凝土护栏表面不应出现裂缝、蜂窝、剥落、露筋等缺陷。

5 桥梁护栏与路基护栏连接应设置符合设计文件要求的护栏过渡段,采用搭接过渡时,桥梁护栏与路基护栏连接处应具有一定的可伸缩性。

6 施工过程中应加强质量检查,金属桥梁护栏、混凝土桥梁护栏和栏杆各检查项目应符合表 5.5.6-1 ~ 表 5.5.6-3 的规定。

表 5.5.6-1　金属桥梁护栏施工质量过程控制项目

项次	检查项目	规定值或允许偏差	检查方法
1	横梁基底金属厚度	满足设计要求	板厚千分尺、涂层测厚仪
2	立柱基底金属壁厚	满足设计要求	千分尺或超声波测厚仪、涂层测厚仪
3	横梁中心高度（mm）	±20	尺量
4	立柱中距（mm）	±20	尺量
5	立柱竖直度（mm/m）	≤10	垂线法
6	立柱外边缘距桥梁外边缘距离	满足设计要求	尺量

表 5.5.6-2　混凝土桥梁护栏施工质量过程控制项目

项次	检查项目		规定值或允许偏差	检查方法
1	护栏断面尺寸（mm）	高度	±10	尺量
		顶宽	±5	
		底宽	±5	
2	钢筋骨架尺寸		满足设计要求	尺量
3	横向偏位（mm）		±20 或满足设计要求	尺量
4	护栏混凝土强度		满足设计要求	根据现行《公路工程质量检验评定标准　第一册　土建工程》（JTG F80/1）中规定的"水泥混凝土抗压强度评定方法"检测
5	混凝土护栏块件之间的错位（mm）		≤5	尺量

表 5.5.6-3　栏杆安装质量过程控制项目

项次	检查项目	规定值或允许偏差	检查方法
1	栏杆平面偏位（mm）	±4	尺量
2	扶手高度（mm）	±10	尺量
3	栏杆立柱顶面高差（mm）	±4	尺量
4	栏杆立柱纵向、横向竖直度（mm）	≤4	垂线法
5	相邻栏杆扶手高差（mm）	≤3	尺量

条文说明

1 桥梁护栏与基础的连接要满足设计要求,并与防护等级、桥面结构强度相适应。

桥梁护栏的线形要与桥梁保持一致，以达到美观效果。

2 护栏伸缩缝位置要与桥梁伸缩缝相一致，护栏伸缩缝的功能要满足设计要求。

3 经防腐处理后的钢构件表面要光洁，在连接处不允许有毛刺、滴瘤和多余结块，热浸镀锌后的钢构件不能有过酸洗或漏镀等缺陷，镀锌层要均匀。

4 钢筋混凝土护栏的表面不能有裂缝、蜂窝、剥落、露筋或其他缺陷，以免影响其功能。

5 桥梁护栏与路基护栏连接，有一个护栏刚度过渡的问题。如两种护栏刚度不同时，要检查护栏过渡段的施工是否符合设计文件的要求。

5.6 中央分隔带开口护栏

5.6.1 除设计文件另行规定外，中央分隔带开口护栏所用的材料应符合下列规定：

1 中央分隔带开口护栏所采用的钢构件应符合现行《碳素结构钢》（GB/T 700）、《优质碳素结构钢》（GB/T 699）等的规定。混凝土基础所用的钢筋、水泥、细集料、粗集料、拌和用水、外加剂等材料，应符合现行《公路桥涵施工技术规范》（JTG/T 3650）的规定。

2 中央分隔带开口护栏的防护等级应满足设计要求，安全性能应符合现行《公路护栏安全性能评价标准》（JTG B05-01）的规定。

3 中央分隔带开口护栏所采用的钢构件均应按本规范第5.1.13条的规定进行防腐处理。

5.6.2 中央分隔带开口护栏施工应符合下列规定：

1 中央分隔带开口护栏基础应根据设计文件放样，并与中央分隔带护栏端头相协调。应调查基础与地下管线是否冲突，发生冲突时，应根据设计文件对基础的埋设位置或高程进行适当调整。

2 混凝土基础施工应符合现行《公路桥涵施工技术规范》（JTG/T 3650）的规定，混凝土浇筑时应按设计文件的规定预埋连接件。基础施工完成后应采取措施，防止杂物落入预埋套管内。

3 基础混凝土强度达到设计强度的80%以上后，可按设计文件的要求安装中央分隔带开口护栏的钢构件部分，并应按设计文件的要求，做好与相邻中央分隔带护栏的连接过渡处理。

4 对有视线诱导和防眩要求的路段，应按设计文件要求安装视线诱导设施和防眩设施。

5.6.3 中央分隔带开口护栏的质量过程控制应符合下列规定：

1 中央分隔带开口护栏的形式、规格、钢构件的防腐处理应符合设计文件的要求。

2 中央分隔带开口护栏应按设计文件的要求与相邻中央分隔带护栏合理过渡，高度宜与两端护栏齐平，平纵线形与公路保持一致。

3 视线诱导设施和防眩设施的质量过程控制应符合本规范第6章和第9章的规定。

4 施工过程中应加强质量检查，各检查项目应符合表5.6.3的规定。

表5.6.3 中央分隔带开口护栏施工质量过程控制项目

项次	检查项目	规定值或允许偏差	检查方法
1	高度（mm）	±20	尺量
2	涂层厚度	满足设计要求	涂层测厚仪
3	开启时间	满足设计要求	按产品规定的开启方式
4	过渡处理	满足设计要求	对照设计文件

5 中央分隔带开口护栏安装完成之后，应对开启与关闭功能进行测试，开启时间及开启长度应符合设计文件的规定。

条文说明

1 中央分隔带开口处设置的开口护栏具有在紧急情况下为公路交通事故处理、公路养护作业提供紧急通道的功能。中央分隔带开口护栏要开启灵活、造型美观。施工时要满足设计规范和设计文件的要求。

5 由于中央分隔带开口护栏为公路交通事故处理、公路养护作业提供紧急通道，在中央分隔带开口护栏安装完成之后，要进行开启与关闭试验，按产品说明的开启方式检查开启时间能否满足设计文件的要求，能否快速移动。

5.7 缓冲设施

5.7.1 除设计文件另行规定外，缓冲设施所用的材料应符合下列规定：

1 缓冲设施所用的钢构件应符合现行《碳素结构钢》（GB/T 700）、《优质碳素结构钢》（GB/T 699）等的规定，并按本规范第5.1.14条的规定进行防腐处理。

2 缓冲设施所用螺栓紧固件应符合现行《钢结构用高强度大六角头螺栓、大六角螺母、垫圈技术条件》（GB/T 1231）的规定。

3 防撞垫所用材料为橡胶或塑料时，其耐高温性能、耐低温性能、耐候性能应符合现行《公路防撞桶》（GB/T 28650）的规定。

5.7.2 缓冲设施施工应符合下列规定：

1 缓冲设施的放样应以其后部的被防护结构为主要控制点。

2 缓冲设施施工时，不得对地下设施造成损坏。

3 缓冲设施施工时，应按设计文件的规定与后部的护栏结构连接牢固。

4 防撞垫的安装线形应与三角端护栏（或其他被防护构造物）线形相协调。

5 防撞垫支撑结构埋深、支撑结构立柱的间距等应符合设计要求，预埋基础的施工应符合现行《公路桥涵施工技术规范》（JTG/T 3650）的规定。

6 防撞垫应组装正确，构件齐全，紧固件应安装牢固。

7 防撞端头施工安装后，与相连接的护栏在行车方向上应保持线形平顺。

条文说明

1 缓冲设施的主要作用是防止车辆直接撞击后部的固定障碍物，只有以其后部的被防护结构为主要控制点，才能够实现其功能。

3 缓冲设施与相邻的护栏连接处，往往是薄弱环节，也是造成衔接处防护失效的主要原因之一。因此，要保证缓冲设施和相邻护栏的连接强度，确保车辆碰撞时，连接结构不先于缓冲设施本身遭到破坏。

7 设置在护栏起点的护栏防撞端头主要作用是降低车辆碰撞护栏起点处的事故严重度，与护栏要协同受力，因此防撞端头要保证和护栏的线形一致，连接平顺。

5.7.3 缓冲设施的质量过程控制应符合下列规定：

1 缓冲设施所有构件不得有凹凸、起伏等缺陷，没有因运输、施工造成防腐层损伤的缺陷。

2 缓冲设施所有构件不得有现场焊割和钻孔情况。

3 施工过程中应加强质量检查，各检查项目应符合表5.7.3的规定。

表5.7.3 缓冲设施施工质量过程控制项目

项次	检 查 项 目		规定值或允许误差	检 查 方 法
1	几何尺寸（mm）	长	±50	直尺
		宽	±20	直尺
		高	±10	直尺
2	混凝土强度		满足设计要求	根据现行《公路工程质量检验评定标准 第一册 土建工程》（JTG F80/1）中规定的"水泥混凝土抗压强度评定方法"检测
3	基础几何尺寸（mm）		±20	直尺
4	立柱埋入深度		满足设计要求	直尺
5	壁（板）厚		满足设计要求	千分尺
6	锌层平均厚度		满足设计要求	测厚仪

6 视线诱导设施

6.1 一般规定

6.1.1 在施工安装前，应对视线诱导设施的安装条件、设置位置和数量等进行核对，合理确定施工时机。

条文说明

视线诱导设施要注意安装时机，与相关设施的施工工序相协调，避免因安装太早而遭到破坏。如附着于护栏的轮廓标要与护栏施工相配合，柱式轮廓标要与土路肩的施工相配合，隧道轮廓带要与隧道施工相配合等。

6.1.2 改扩建工程拆除的视线诱导设施经检测符合设计文件要求时，宜重复利用。

6.2 材料

6.2.1 除设计文件另行规定外，视线诱导设施所用材料应符合现行相应标准规范的规定。混凝土基础所用的钢筋、水泥、细集料、粗集料、拌和用水、外加剂等材料，应符合现行《公路桥涵施工技术规范》（JTG/T 3650）的规定。

条文说明

视线诱导设施包含内容较多，其材料要符合相应标准规范的规定。以轮廓标为例，轮廓标所用材料要符合现行《轮廓标》（GB/T 24970）的规定，其混凝土基础所用的材料要符合现行《公路桥涵施工技术规范》（JTG/T 3650）的规定。

6.2.2 视线诱导设施所用钢构件均应进行防腐处理。除设计文件另行规定外，防腐处理均应满足现行《公路交通工程钢构件防腐技术条件》（GB/T 18226）的规定。螺栓、螺母等紧固件和连接件在防腐处理后，应清理螺纹或进行离心分离处理。

6.3 施工

6.3.1 柱式轮廓标的施工应符合下列规定：

1 柱式轮廓标应按设计文件的规定量距定位。

2 混凝土基础可采用现浇或预制施工，并应符合现行《公路桥涵施工技术规范》（JTG/T 3650）的规定，预制时应按设计文件的规定预埋连接件。现浇混凝土基础施工中的模板及钢筋等应符合本规范第3章的规定。

3 柱式轮廓标安装时，柱体应垂直于水平面，三角形柱体的顶角平分线应垂直于公路中心线，柱体与混凝土基础之间可用螺栓连接。

条文说明

柱式轮廓标施工时，要设置混凝土基础。基础开挖达到规定的尺寸和深度后，先浇筑一层砂浆，厚度10~15cm。接着在砂浆上支模板，测定模板顶部的高程。当立柱与混凝土基础浇在一起时，则可将立柱放入模板中，固定就位后，即可浇筑混凝土。混凝土浇筑完成后要采取正常的养护措施，直到混凝土达到规定的强度；当轮廓标柱体或立柱为装配式结构，则要预留柱体插入的空穴，或采用法兰盘连接。柱式轮廓标，可在混凝土基础的预留空穴中安装。

6.3.2 附着式轮廓标的施工应符合下列规定：

1 附着于梁柱式护栏上的轮廓标可按立柱间距定位，附着于混凝土护栏和隧道侧墙上的轮廓标应量距定位。

2 附着式轮廓标应按放样确定的位置进行安装。反射器的安装角度应符合设计文件的规定。安装高度宜保持一致，并应连接牢固。

3 施工完成后应清除包装膜。

条文说明

附着于各类构造物上的轮廓标要按放样确定的位置进行安装。附着于护栏槽内的轮廓标，反射器为梯形，把反射器后底板固定在护栏与立柱的连接螺栓上。附着于缆索护栏上的轮廓标，通过夹具把轮廓标固定在缆索上。附着于隧道壁、挡墙、桥墩、桥台侧墙、混凝土护栏等处的轮廓标，通过预埋件或用胶固定在侧墙上。

6.3.3 隧道轮廓带的施工应符合下列规定：

1 隧道轮廓带应量距定位。

2 隧道轮廓带应按放样确定的位置进行安装，并应与隧道连接牢固。

3 隧道轮廓带在安装时不得侵入公路建筑限界以内。

6.3.4 示警桩、示警墩、道口标柱的施工应符合下列规定：

1 应根据设计文件的要求和现场条件，进行量距定位。

2 示警桩、示警墩、道口标柱可采用现浇或预制施工，并应符合现行《公路桥涵施工技术规范》（JTG/T 3650）的规定。

6.3.5 合流诱导标、线形诱导标的施工应符合本规范第 3.3 节的规定。

6.4 质量过程控制

6.4.1 视线诱导设施的外形尺寸、安装高度、线形、材质、反光性能等应符合设计文件的规定。

6.4.2 自发光视线诱导设施的闪烁频率、使用寿命及工作条件应满足设计要求。

6.4.3 轮廓标质量过程控制应满足下列要求：

1 轮廓标安装完成后应与公路线形保持一致，安装高度宜保持一致。夜间应具有良好的反光性能，逆反射性能应符合现行《轮廓标》（GB/T 24970）的规定。

2 柱式轮廓标应安装牢固，柱体表面不应有明显的划痕、气泡、裂纹及颜色不均等缺陷。

3 附着式轮廓标应安装牢固、角度准确、高度一致。

4 施工过程中应加强质量检查，各检查项目应符合表 6.4.3 的规定。

表 6.4.3 轮廓标施工质量过程控制项目

项次	检 查 项 目	规定值或允许偏差	检 查 方 法
1	安装角度（°）	+5，0 或满足设计要求	花杆、十字架、卷尺、万能角尺
2	反射器中心高度（mm）	±20	尺量
3	柱式轮廓标竖直度（mm/m）	≤10	垂线法

条文说明

1 轮廓标是公路沿线的重要安全设施。夜间，它可以使公路轮廓亮起来，增加驾驶人行驶的安全性，也美化公路。轮廓标安装完成后，要与公路线形协调一致，这样夜间反光效果才能更明显、线条更流畅。安装高度建议保持一致，设置间隔要均匀。

2 柱式轮廓标要安装牢固、外形美观，颜色黑白分明。柱体为白色，与中间的黑色标记形成对比，黑色标记的中间镶嵌反射器或反光膜，白天晚上均要清晰。柱体表面不能有明显的划痕、气泡、裂纹及颜色不均等缺陷。

3 附着于波形梁护栏上的轮廓标，由于与波形梁连接螺栓串在一起，而连接螺栓与护栏立柱连在一起，一般均采用防盗螺栓，因此，最好与护栏安装一起进行。安装要牢固、角度要准确。附着于混凝土墙壁或隧道壁上的轮廓标，一般通过预埋件连接，或用膨胀螺栓连接，其支撑结构和紧固件要与设计文件相符。

6.4.4 隧道轮廓带质量过程控制应满足下列要求：
1 隧道轮廓带安装完成后，其表面法线应与公路中心线垂直。
2 隧道轮廓带应安装牢固，整体线形流畅，表面无划痕等缺陷。
3 施工过程中应加强质量检查，各检查项目应符合表6.4.4的规定。

表 6.4.4 隧道轮廓带施工质量过程控制项目

项次	检 查 项 目	规定值或允许偏差	检 查 方 法
1	面向来车方向前倾角度（°）	+5，0 或满足设计要求	花杆、十字架、卷尺、万能角尺
2	逆反射系数（反射型）或亮度要求（自发光型）	满足设计要求	逆反射系数测试仪等

6.4.5 示警桩、示警墩、道口标柱质量过程控制应满足下列要求：
1 示警桩、示警墩的位置应与公路线形相协调。
2 施工过程中应加强质量检查，各检查项目应符合表6.4.5的规定。

表 6.4.5 示警桩、示警墩、道口标柱施工质量过程控制项目

项次	检 查 项 目		规定值或允许偏差	检 查 方 法
1	断面尺寸（mm）	高度	±10	尺量
		顶宽	±5	
		底宽	±5	
2	竖直度（mm/m）		≤10	垂线法

6.4.6 合流诱导标、线形诱导标的质量过程控制应符合本规范第3.4节的有关规定。

7 隔离栅

7.1 一般规定

7.1.1 隔离栅施工前应按本规范第 2.1 节的规定进行施工准备,发现问题应按本规范第 2.1.3 条的规定处理。

7.1.2 隔离栅施工前应对施工场地进行清理。

条文说明

隔离栅是纵向设置的连续构造物,设置良好的隔离栅是沿地形平缓过渡。因此,沿隔离栅的安装位置要进行场地清理,特别是对一些小土丘、坑洞等需进行挖掘、填平补齐处理。

7.1.3 在隔离栅安装前,应对隔离栅的设置条件、设置位置和数量等进行核对。

7.1.4 改扩建工程中拆除的隔离栅网材、支撑钢材等,经局部修补或翻新等方式进行处理、检验合格后,在符合现行《公路交通安全设施设计规范》(JTG D81)和设计文件的要求时,可重复利用或作为施工期间临时设施使用。

7.2 材料

7.2.1 除设计文件另行规定外,隔离栅所用的金属材料应符合现行《隔离栅》(GB/T 26941)的规定,混凝土立柱和基础的钢筋、水泥、细集料、粗集料、拌和用水、外加剂等材料应符合现行《公路桥涵施工技术规范》(JTG/T 3650)的规定。

条文说明

隔离栅所用的各种材料,为了便于采购和加工,其型号、规格、尺寸要尽可能选用标准化产品。

7.2.2 所有钢构件均应进行防腐处理,应采用热浸镀锌、锌铝合金涂层、浸塑以及双涂层等处理方法。除设计文件另行规定外，防腐处理均应满足现行《隔离栅》（GB/T 26941）的规定。螺栓、螺母等紧固件和连接件在防腐处理后，应清理螺纹或进行离心分离处理。

7.3 施工

7.3.1 应根据设计文件中规定的隔离栅设置位置和实际地形条件确定控制立柱的位置和立柱中心线，在控制立柱之间按设计文件规定的柱距定出柱位。

条文说明

根据设计文件中确定的隔离栅横断面位置及实际地形条件确定出控制立柱的位置后，要进行必要的清场、定出立柱中心线。然后测量立柱的准确位置，做出标记。

7.3.2 每个柱位均应按设计文件的要求确定设置高度，并应按实际地形进行调整。

条文说明

每个柱位均要按设计文件的要求确定设置高度，但允许按实际地形进行调整。隔离栅在地形起伏的路段设置时，可将地面整修成一定的纵坡，也可顺坡设置。确定高度的目的在于控制各立柱基础高程，保证安装后隔离栅顶面的平顺和美观。

7.3.3 应根据设计文件的规定和柱位开挖基坑。

条文说明

在放样和定位工作完成的基础上，根据设计文件的要求开挖基坑或钻孔，挖钻深度要符合设计要求。基坑到设计要求深度后，要将基底清理干净，经检验合格后，才能进行下道工序的施工。

7.3.4 立柱应根据设计文件的规定设置在现浇混凝土基础或预制混凝土基础内。立柱的埋设应分段进行。可先埋设两端的立柱，然后拉线埋设中间立柱，控制立柱与中间立柱的平面投影应在一条直线上，保持基础高程的平顺过渡。预制混凝土立柱和基础在运输及装卸时应避免折断或损坏边角。

条文说明

立柱基础混凝土施工包括现场浇筑和预制两种。不管选用何种施工安装方式，在施工过程中都要严格检查立柱就位后的竖直度和立柱高程，以保证网片安装的质量和隔离栅安装完毕后的整体美观效果。

7.3.5 混凝土基础强度达到设计强度的 80% 以上时，可按下列规定安装隔离栅网片：

1 安装无框架卷网时，应从端头立柱开始，沿纵向展开，应边铺设边拉紧，挂钩时网片不得变形。

2 安装有框架的片网时，网面应平整，框架应整体平顺、美观，框架与立柱应连接牢固。

3 安装刺钢丝网时，应从端头立柱开始。刺钢丝之间应平行、平直，绷紧后应与立柱上的铁钩牢固绑扎，横向与斜向刺钢丝相交处也应绑扎牢固。

条文说明

1 无框架卷网安装时，要从端头立柱开始，先将金属网挂在立柱挂钩上扣牢，然后沿纵向展开，边铺设边拉紧。展网要自如，挂钩时保证网不变形。整网铺设可在地势较平坦的路段施工，需要承受一定的张拉力，端柱需加斜撑加固。

2 带框架的片网一般要求在工厂集中制作完成，因为工厂机械设备较为齐全、生产效率高、成本低、工艺完善、批量流水生产能保证加工制作的质量。有框架的片网安装后要求网面平整、无明显的凹凸现象，立柱间距正确，框架与立柱连接牢固，框架整体平顺、美观。

3 刺钢丝安装时要从端头立柱开始，刺钢丝之间要求平行、平直，绷紧后可以用钢丝与混凝土立柱或钢立柱上的钢钩绑扎固定，横向与斜向刺钢丝相交处用钢丝绑扎牢固。

7.3.6 隔离栅网片安装完毕后，应对基础周围进行夯实处理。

7.3.7 在桥梁、通道、车行和人行涵洞等构造物处进行围封时，应保证隔离栅的封闭严密，并将隔离栅锚固于构造物。隔离栅跨越沟坎时，应保证隔离栅下边缘与沟底的距离能有效阻止行人或动物误入，否则应增设隔离栅网片。

条文说明

在桥梁、通道、车行和人行涵洞等构造物需要进行围封的位置，通常也是行人容易破坏进入公路的路段，施工时在围封处要保证隔离栅封闭严密，将隔离栅锚固于这些构造物上，以有效提升隔离栅的稳定性。隔离栅跨越沟坎时，如果隔离栅下边缘与沟底距离过大，需要增加隔离栅网片，以降低行人或动物进入的可能性。

7.3.8 隔离栅的活动门应便于开启、保证强度，隔离栅活动门两侧各 10m 范围内的隔离栅基础应根据设计文件的规定进行加强。除设计文件另行规定外，隔离栅活动门变形量不应超过其高度的 2%。

条文说明

隔离栅的活动门因为养护和管理的需要,需要开启,要保证一定的强度。

7.3.9 绿篱栽植应能有效阻止行人和动物误入,并应考虑将来养护的需求。

7.4 质量过程控制

7.4.1 隔离栅的封闭应严密、牢固,不应出现缺口。

条文说明

隔离栅是一种防止行人和动物误入公路、侵占公路用地或干扰公路正常运行的封闭措施,防钻、防翻越是主要考虑的因素,因此隔离设施的封闭要做到严密、牢固,在桥梁、通道、车行和人行涵洞等构造物处,尤其需要保障隔离栅的连续设置。

7.4.2 隔离栅应与公路线形走向一致,顺直、流畅,纵坡起伏自然、美观,边坡较陡的路段应进行修坡处理。

7.4.3 隔离栅的网面应平整、无断丝,网孔无明显倾斜。

条文说明

卷网安装张拉完成后,金属网不能有明显变形,网孔长轴方向变形量、网孔夹角变形量不能超过规定范围。电焊网不能脱焊、虚焊,否则达不到规定的强度和平整度。

7.4.4 混凝土基础尺寸和埋深、立柱的竖直度和柱间距、网面高度以及混凝土立柱和基础的强度应符合设计文件的规定。

条文说明

隔离栅立柱基础尺寸、埋深、立柱的竖直度、柱间距都是重要的控制因素。立柱基础无论是预制还是现浇,其混凝土强度、尺寸要能满足设计规定。

7.4.5 镀锌构件表面应均匀完整、颜色一致,表面不得有气泡、裂纹、疤痕、折叠和断面分层等缺陷。

7.4.6 混凝土立柱应密实、平整,无裂缝、翘曲、蜂窝、麻面等缺陷。

7.4.7 绿篱的高度和密度应满足设计文件的要求。

7.4.8 隔离墙的基础、高度和强度应满足设计文件的要求。

7.4.9 施工过程中应加强质量检查，各检查项目应符合表7.4.9的规定。

表 7.4.9 隔离栅施工质量过程控制项目

项次	检 查 项 目		规定值或允许偏差	检 查 方 法
1	高度（mm）		±15	尺量
2	刺钢丝的中心垂度（mm）		≤15	尺量
3	立柱中距（mm）	焊接网	±30	尺量
		钢板网	±30	
		刺钢丝网	±60	
		编织网	±60	
4	立柱竖直度（mm/m）		≤10	垂线法
5	立柱埋置深度		不小于设计要求	尺量
6	隔离墙断面尺寸（mm）	高度	±15	尺量
		顶宽	±10	
		底宽	±10	
7	隔离墙竖直度（mm/m）		±10	垂线法
8	隔离栅活动门变形量		不超过高度的2%	尺量

8 防落网

8.1 一般规定

8.1.1 防落网应包括防落物网和防落石网。

8.1.2 除设计文件另行规定外,防落物网应在桥梁护栏施工完毕后开始施工,防落石网应在公路路堑边坡施工完毕后开始施工。

8.1.3 防落物网设置于跨越已通车的公路、铁路和航道上方的桥梁时,应编制专项安全施工方案,经评审通过后方能施工。

8.1.4 在施工安装前,应对防落网的设置条件、设置位置和数量等进行核对。

8.1.5 防落物网施工前应对所有预埋件的设置位置、强度、腐蚀程度进行检查,不符合设计要求的应整改。

8.1.6 设置防落石网前,应检查路堑边坡土体、岩石的稳定性是否已达到设计文件规定的要求。

8.1.7 改扩建工程中拆除的防落网网材、支撑钢材等,经局部修补或翻新等方式进行处理、检验合格后,在符合现行《公路交通安全设施设计规范》(JTG D81)和设计文件的要求时,可重复利用。

8.2 材料

8.2.1 除设计文件另行规定外,防落网所用材料应符合下列规定:
1 防落物网所用的金属材料应符合现行《隔离栅》(GB/T 26941)的规定,混凝土立柱和基础的钢筋、水泥、细集料、粗集料、拌和用水、外加剂等材料应符合现行《公路桥涵施工技术规范》(JTG/T 3650)的规定。
2 防落石网所用的金属材料应符合《铁路沿线斜坡柔性安全防护网》(TB/T 3089—2004)和现行《边坡柔性防护网系统》(JT/T 1328)的规定,基础的钢筋、水泥、细集料、粗集料、拌和用水、外加剂等材料应符合现行《公路桥涵施工技术规范》（JTG/T 3650）的规定。

8.2.2 所有钢构件均应进行防腐处理。除设计文件另行规定外，防腐处理均应满足现行《公路交通工程钢构件防腐技术条件》（GB/T 18226）的规定。螺栓、螺母等紧固件和连接件在防腐处理后，应清理螺纹或进行离心分离处理。

条文说明

防落物网和防落石网的所有钢构件都要进行表面防腐处理，由于防落石网受到落石冲击后会导致防腐层的局部损坏，会降低防落石网的防腐效果，所以，要对防落石网进行必要的检查。

8.3 施工

8.3.1 防落物网的施工应符合下列规定：

1 防落物网应以上跨桥梁与公路、铁路等设施的交叉点为控制点，向两侧对称进行施工。当上跨桥梁为斜交时，防落物网的长度应根据设计文件的要求作相应调整。

2 应根据立柱预埋基础的位置安装立柱。未设置预埋件时，应根据设计单位的变更文件，采取后固定的施工工艺设置立柱。

3 防落物网的网片应牢固地安装在立柱上，网片应平整、绷紧，螺栓应在防落物网的线形达到规定要求时方能拧紧。终拧扭矩应符合表5.3.6的规定。

4 应根据设计文件的规定对防落物网做防雷接地处理。

条文说明

2 防落物网的立柱一般采用预埋基础，要按设计要求制作预埋件，安装立柱时要控制立柱间距，保证连接部件的牢固。立柱与基础连接要符合设计要求，牢固、垂直、高度一致。未设置预埋件时，要按设计文件的规定采取后固定的施工工艺设置立柱。

8.3.2 防落石网的施工应符合下列规定：

1 防落石网施工应按清坡→放样→基础施工→立柱及拉锚绳安装→支撑绳安装→钢丝绳网（或环形网）安装→格栅安装的工序进行施工。

2 清坡。在设置防落石网前，应对路堑边坡上方的浮土和危石进行清理，做好安全防护工作，将防落石网上下方5m以内可能影响防落石网安装及使用的绿化清除，防落石网应在满足公路交通安全的条件下进行施工。

3 放样。应采用测量工具确定立柱的位置，立柱的定位从防落石网的起始位置，按设计的要求逐一确定立柱的位置，立柱应尽量保持在同一等高线上。

4 基础施工。按设计文件的要求，直接设置于基岩或坚硬岩石的地脚螺栓可通过钻孔的方式进行，用水泥砂浆将地脚螺栓浇筑，钻孔的深度一般不小于1m；设置混凝土基础的方式时，可采取预置或现浇混凝土基础的方式进行施工。

　　5 立柱及拉锚绳安装。在基础强度已经达到80%以上后可进行立柱及拉锚绳的安装，立柱应与拉锚绳同时安装，并在安装后通过改变拉锚绳张拉段的长度将立柱调整到设计的安装倾角。

　　6 支撑绳安装。上支撑绳应在钢丝绳网（或环形网）铺挂前安装，而下支撑绳的安装宜在钢丝绳网（或环形网）铺挂前安装。

　　7 钢丝绳网（或环形网）安装。可采用绳卡或卸扣将钢丝绳网（或环形网）临时悬挂在上支撑绳上，且网上的悬挂点宜在上沿网孔以下，以方便下一步的缝合连接。缝合从一端开始逐步向另一端，直至所有钢丝绳网（环形网）形成一个整体。

　　8 格栅安装。格栅与钢丝绳网（或环形网）间可采用扎丝扎结，并宜翻越网顶上沿适当宽度，避免落石冲击时格栅被轻易坠拉下来。

　　9 应根据设计文件的规定对防落石网做防雷接地处理。

条文说明

　　3 放线主要是确定立柱和柔性锚杆的位置，如遇到地形限制，可以采用一定的工程措施，相邻立柱高差尽量控制在0.5m以内。

　　6 上支撑绳通常要在钢丝绳网（或环形网）铺挂前安装，而下支撑绳的安装是可以选择的，先于钢丝绳网（或环形网）的安装方法较为简单，在钢丝绳网（或环形网）安装后采用直接穿过下沿网孔的方式可以省去底部缝合连接，但安装相对麻烦，特别是有减压环时。支撑绳的安装要严格满足其位置要求，同时要事先将减压环调整到正确位置，否则一旦支撑绳张紧后，其位置就不易改变。支撑绳安装就位后，要予以张紧。经验表明，当为双支撑绳时，最好按相反的方向对两根支撑绳各自同步张拉，避免单向张拉时立柱发生明显倾斜；当为单支撑绳时，最好在张拉的同时对已发生明显倾斜的立柱调整复位，避免立柱进行二次调试。

　　7 缝合在任何情况下都不能与钢柱、基座、拉锚绳连接，仅在网与支撑绳和不同网块间连接。

8.4 质量过程控制

8.4.1 防落物网的质量过程控制应符合下列规定：

　　1 防落物网的封闭应严密、牢固，不应出现缺口。

　　2 防落物网的混凝土基础尺寸和埋深、立柱的竖直度和柱间距、网面高度以及混凝土立柱和基础的强度等级应符合设计文件的规定。

　　3 防落物网的防腐处理和防雷接地处理应符合设计文件的规定。

　　4 施工过程中应加强质量检查，各检查项目应符合表8.4.1的规定。

表8.4.1 防落物网施工质量过程控制项目

项次	检查项目		规定值或允许偏差	检查方法
1	高度（mm）		±15	尺量
2	立柱中距（mm）	焊接网	±30	尺量
		钢板网	±30	
		编织网	±60	
3	立柱竖直度（mm/m）		≤10	垂线法
4	立柱固定方式		符合设计要求	尺量
5	螺栓终拧扭矩		±10%	扭力扳手

8.4.2 防落石网的质量过程控制应符合下列规定：

1 防落石网的地脚螺栓埋置深度、混凝土基础尺寸和埋深、立柱的竖直度和柱间距、拉锚绳、支撑绳、减压环、钢丝绳网（或环形网）及立柱和基础的强度等级应符合设计文件的规定。

2 防落石网的防腐处理和防雷接地处理应符合设计文件的规定。

3 施工过程中应加强质量检查，各检查项目应符表8.4.2的规定。

表8.4.2 防落石网施工质量过程控制项目

项次	检查项目		规定值或允许偏差	检查方法
1	高度（mm）		±15	尺量
2	防落石网的中心垂度（mm）		≤15	尺量
3	立柱中距（mm）	钢丝绳网	±60	尺量
		环形网网	±60	
4	立柱竖直度（mm/m）		≤10	垂线法
5	立柱埋置深度		符合设计要求	尺量
6	地脚螺栓抗拔力		符合设计要求	拉拔器
7	拉锚绳直径		符合设计要求	尺量
8	支撑绳直径		符合设计要求	尺量
9	减压环型号和数量		符合设计要求	尺量
10	钢丝绳网（或环形网）的固定		符合设计要求	手拉无松动
11	格栅的扎结		符合设计要求	现场检查

9 防眩设施

9.1 一般规定

9.1.1 桥梁段或混凝土护栏上设置防眩板、防眩网时，应在预制护栏安装到位或现浇混凝土护栏的混凝土强度达到设计强度的80%以上时进行。

条文说明

施工前，首先要对防眩板、防眩网的设置条件进行检查，包括上道工序中的桥梁护栏是否已经安装到位并完成了工序验收，涉及到的现浇混凝土强度是否达到要求，上道工序不符合本条规定的不能安装防眩设施。

9.1.2 桥梁段或混凝土护栏上设置防眩板、防眩网时，应对预埋件的设置位置、强度和腐蚀程度进行检查，不符合要求的应按本规范第2.1.3条的规定处理。

9.1.3 植树防眩的树种以及树木高度、树径和株距应符合设计文件的规定。

9.1.4 各种防眩方式之间应衔接平顺，不得有突变及漏光现象。

9.1.5 根据需要，防眩设施横向可适当偏心设置，并应由设计单位确认。

9.1.6 改扩建工程中拆除的防眩板、防眩网及其支撑结构等，经局部修补或翻新等方式进行处理，检验合格后，在符合现行《公路交通安全设施设计规范》（JTG D81）和设计文件的要求时，宜重复利用或作为施工期间临时设施使用。

9.2 材料

9.2.1 除设计文件另行规定外，防眩板所用材料应符合现行《防眩板》（GB/T 24718）的规定。独立设置的混凝土基础所用的钢筋、水泥、细集料、粗集料、拌和用水、外加剂等材料，应符合现行《公路桥涵施工技术规范》（JTG/T 3650）的规定。

条文说明

防眩板可以用金属材料和合成材料制成；防眩网可以用金属材料制成。金属材料指金属板材、金属网和连接件；合成材料包括工程塑料、玻璃纤维增强塑料制品等。上述材料要满足耐腐蚀性及耐候性的要求。现行《防眩板》（GB/T 24718）中对各类防眩板的构件材料有详尽的要求，除设计文件另行规定外，要遵照执行。

9.2.2 所有钢构件均应进行防腐处理。除设计文件另行规定外，防腐处理均应满足现行《公路交通工程钢构件防腐技术条件》（GB/T 18226）的规定。螺栓、螺母等紧固件和连接件在防腐处理后，应清理螺纹或进行离心分离处理。

条文说明

钢构件防腐处理可以采用热浸镀锌、热浸镀铝、表面涂塑和涂刷油漆等方式，除设计文件另行规定外，要符合现行《公路交通工程钢构件防腐技术条件》（GB/T 18226）和设计文件的规定。对于合成类材料，如设置在海边盐雾腐蚀、酸雨或除雪剂影响较大的环境时，可以根据设计文件的规定，选用不易老化、不易褪色和不易变形的高分子合成材料。

9.3 施工

9.3.1 设置于混凝土护栏上的防眩板或防眩网的安装施工应符合下列规定：

1 防眩板或防眩网可通过混凝土护栏顶部的预埋件及连接件安装在混凝土护栏上。未设置预埋件时，可根据设计单位的变更文件，采取后固定的施工工艺安装。
2 混凝土护栏强度达到设计强度的80%时，方可安装防眩板或防眩网。
3 防眩板或防眩网下缘与混凝土护栏顶部的间距应符合设计文件的规定。
4 防眩板或防眩网安装后，不得削弱混凝土护栏的原有功能。
5 防眩板安装应保证顶面平整、平齐及清洁。
6 防眩网应按设计文件规定的方向安装。

条文说明

1 预埋件的设置位置、结构尺寸等不符合设计要求，或未按要求设置预埋件时，要与设计单位或建设单位联系，由设计单位变更设计，没有相关设计文件，不能随意处理，以免破坏混凝土护栏的使用功能。
2 混凝土护栏是支撑防眩板、防眩网的结构物，防眩板、防眩网安装完成后，各连接件就要受力，混凝土强度达到设计强度的80%以上时，方可在混凝土护栏顶部安装防眩设施。
3 防眩板、防眩网安装后，其下缘与混凝土护栏顶部的间距要符合设计文件的规定。安装过程中，不能随意抬高防眩板、防眩网以调整高度及竖直度，以免下缘漏光过量影响防眩效果。

4 防眩板、防眩网安装后，与混凝土护栏成为整体结构，一般不会削弱混凝土护栏的原有功能，但要注意检查。

9.3.2 设置于波形梁护栏上的防眩板或防眩网的安装施工应符合下列规定：

1 防眩板或防眩网可通过连接件安装在波形梁护栏上。
2 防眩板或防眩网安装在波形梁护栏上时，不得削弱波形梁护栏的原有功能。
3 防眩板或防眩网下缘与波形梁护栏顶面的间距应符合设计文件的规定。
4 施工过程中不应损伤波形梁护栏的防腐层，否则应在24h之内予以修补。

条文说明

1 防眩板或防眩网安装于波形梁护栏上时，可以通过连接件安装在波形梁护栏上。

2 为了简化防眩板或防眩网结构，有时把防眩板或防眩网安装在单侧波形梁护栏上，一般情况下，这种做法不会削弱波形梁护栏原有的功能，但一旦发生碰撞事故，护栏和防眩设施均会遭受破坏，要经常注意检查。

3 防眩板或防眩网下缘与波形梁护栏顶面之间的间距要符合设计文件的规定，以免漏光过量影响防眩效果。

4 防眩板或防眩网通过连接件与波形梁护栏连接，施工过程中不能损伤波形梁护栏的金属涂层。任何形式涂层的损伤，均要在24h之内进行修补。

9.3.3 独立设置立柱的防眩板或防眩网的安装施工应符合下列规定：

1 施工前，应清理场地、协调与其他设施的关系。
2 防眩板或防眩网单独设置立柱时，可根据所在位置将立柱埋入土中、设置混凝土基础或固定于桥梁、通道、明涵等构造物上。设置混凝土基础时，其强度应达到设计强度的80%以上时，方能在立柱上安装防眩板或防眩网。
3 立柱施工时，不得破坏地下管线和排水设施。

条文说明

1 防眩板或防眩网单独设置时，立柱一般直接落地埋在中央分隔带内，因此，施工前，要注意清理中央分隔带内的杂物、坑洞，了解管线埋深及位置，处理好与其他在中央分隔带内构造物的关系。立柱埋设在其他位置时，也要进行场地清理。

3 防眩板或防眩网立柱的施工，采用开挖法埋设混凝土基础时，不能破坏地下的通信管线或电缆管线。混凝土基础开挖深度达规定尺寸后，要夯实基底，调整好竖直度和高程，夯实回填土。施工中不能损坏中央分隔带地下管线和排水系统。

9.4 质量过程控制

9.4.1 防眩板及支架的材质、防腐处理、几何尺寸应符合设计要求。预埋件的设置位置、强度和腐蚀程度应符合设计要求并经过上道工序的验收。

9.4.2 防眩板或防眩网安装完成后，其设置路段、防眩高度、遮光角应满足设计要求。

条文说明

防眩高度、遮光角是防眩设施的重要指标，防眩设施安装完成后，其防眩高度、遮光角要满足设计文件的要求。防眩设施安装完成后，往往在桥梁与路基连接处，在中央分隔带开口处，防眩设施有不连续的地方，在两段防眩设施中间留有短距离间隙，会产生严重的漏光现象，要加以避免。

从纵断面来看，防眩漏光发生在线形起伏变化较大的路段，在这些路段从防眩板或防眩网上漏光是很难避免的，需要做到的一点是首先要满足设计要求，尽量使这种情况加以避免或减少。

9.4.3 防眩板或防眩网整体应与公路线形协调一致，不得出现高低不平或扭曲的外形。

条文说明

防眩板或防眩网安装完成后，成为公路的附属结构物，成为保障安全的一种设施，同时，也是一种公路的景观设施。防眩设施要与公路线形协调一致，不能有明显的扭曲或凹凸不平等现象。

9.4.4 防眩板或防眩网外观不应有划痕、颜色不均、变色等外观缺陷。表面不得有气泡、裂纹、疤痕、断面分层、毛刺等缺陷。

9.4.5 防眩板或防眩网应牢固安装。

9.4.6 施工过程中应加强质量检查，各检查项目应符合表 9.4.6 的规定。

表 9.4.6 防眩设施施工质量过程控制项目

项次	检 查 项 目	规定值或允许偏差	检 查 方 法
1	安装高度（mm）	±10	尺量
2	防眩板设置间距（mm）	±10	尺量

续表 9.4.6

项次	检 查 项 目	规定值或允许偏差	检 查 方 法
3	竖直度（mm/m）	≤5	垂线法
4	防眩网网孔尺寸	满足设计要求	尺量

9.4.7 防眩设施施工完成后，宜在晚间进行实地目测检查。

10 避险车道

10.1 一般规定

10.1.1 避险车道施工前应对其位置进行定位，确认符合设计图纸要求后方可按程序施工。

10.1.2 避险车道基床、排水系统、服务车道的施工应符合现行《公路路基施工技术规范》（JTG/T 3610）、《公路路面基层施工技术细则》（JTG/T F20）和《公路水泥混凝土路面施工技术细则》（JTG/T F30）的规定。

10.1.3 避险车道设置的交通标志、交通标线、护栏、视线诱导等设施的施工应符合本规范的规定。

10.1.4 运营期间增设避险车道，应制订施工组织方案，加强施工作业安全管理，防止失控车辆闯入施工作业区。

条文说明

需要设置避险车道的位置是货运车辆失控风险较高的路段，已运营公路不断路施工时要加强施工时期间的安全预警与防护，包括施工区前的预告及车辆的限速管理，以及施工人员的安全培训。

10.2 材料

10.2.1 制动床铺装集料的规格和级配应符合设计文件的要求，并应根据现行《公路工程集料试验规程》（JTG E42）的规定对铺装材料进行抽样筛分。

10.2.2 卵（砾）石等制动集料应根据现行《公路工程集料试验规程》（JTG E42）的规定进行压碎值的检测试验，卵（砾）石等制动集料的压碎值不应大于23%。

条文说明

卵（砾）石等制动集料压碎值采用《公路水泥混凝土路面设计规范》（JTG D40—2011）和《公路水泥混凝土路面施工技术细则》（JTG/T F30—2014）对于Ⅱ级粗集料的卵石压碎值规定。

10.2.3 路基、路面及交通安全设施、交通监控和照明等设施所用的材料应符合本规范和相关标准规范的规定。

10.3 施工

10.3.1 避险车道的基床施工完毕，在铺设制动材料前，应对基床表面进行清扫，基床表面不应留有杂物或其他材料。

条文说明

制动材料铺设前，避险车道制动床的基床要清洁无泥土、沙子或其他杂物，以免其与制动材料混合在一起，填充制动床铺装材料的缝隙，降低制动材料的滚动置换能力，降低制动效果。

10.3.2 应在避险车道施工完毕后，再进行末端设置消能设施的安装或放置，消能设施的内容物应采用与制动床一致的材料。

条文说明

消能设施的内容物采用与制动床一致的材料，可以避免碰撞后消能设施破碎，其内容物散落污染制动材料。

10.3.3 施工结束前，应对制动床铺装材料进行平整工作，除按设计要求做的隆起部分，表面不应有明显的突起及凹陷。

条文说明

避险车道表面不平整会使失控车辆前面的左右车轮陷入不均匀导致翻车，特别是入口处失控车辆驶入速度较高，入口前的制动材料的平整度对失控车辆的安全影响更大。因此在避险车道的护栏、轮廓标、端部消能设施安装完毕后要对制动铺装材料表面进行整平工作。

10.4 质量过程控制

10.4.1 避险车道的结构尺寸、排水设施应符合设计文件要求。

10.4.2 避险车道相关的交通标志、交通标线、护栏、视线诱导等设施的设置应符合本规范和设计文件的规定。

10.4.3 末端消能材料的设置位置及数量应符合设计文件的要求。

10.4.4 制动床的铺装集料的规格与级配、卵（砾）石等制动集料的压碎值应符合设计文件的要求。

10.4.5 施工过程中应加强质量检查，各检查项目应符合表10.4.5的要求。

表 10.4.5 避险车道质量过程控制项目

项次	检查项目	规定值或允许偏差	检查方法
1	避险车道宽度	满足设计要求	尺量
2	制动床长度	满足设计要求	尺量
3	制动床集料厚度	满足设计要求	尺量
4	坡度	满足设计要求	水准仪

11 其他交通安全设施

11.1 防风栅与防雪栅

11.1.1 防风栅和防雪栅的施工可分为施工准备、基础开挖与混凝土浇筑、构件加工和运输、立柱与栅板或横梁安装等工序。

11.1.2 施工准备工序应进行现场检查，实地放样，准确定位防风栅、防雪栅安装位置，发现设计安装位置与其他设施冲突，或位于桥梁段的防风栅和防雪栅预埋件位置和规格、钢构件腐蚀程度不符合设计要求时，应按本规范第2.1.3条的规定处理。

条文说明

防风栅和防雪栅的设置位置是综合考虑了多种影响因素后确定的，擅自改动可能导致设施无法发挥正常的功能。对现场踏勘中发现的与设计文件不一致之处或与其他公路设施发生冲突，导致无法按设计位置施工时，要及时反映，在正式施工前要予以解决。

11.1.3 改扩建工程中拆除的防风栅与防雪栅网材、支撑钢材等，经局部修补或翻新等方式进行处理、检验合格后，在符合现行《公路交通安全设施设计规范》（JTG D81）和设计文件的要求时，宜重复利用。

11.1.4 除设计文件另行规定外，防风栅和防雪栅所用的材料应符合下列规定：
1 金属材料应符合现行《碳素结构钢》（GB/T 700）、《结构用无缝钢管》（GB/T 8162）、《直缝电焊钢管》（GB/T 13973）等的规定。
2 木材应符合现行《防腐木材》（GB/T 22102）等的规定。
3 混凝土基础所用的钢筋、水泥、细集料、粗集料、拌和用水、外加剂等材料应符合现行《公路桥涵施工技术规范》（JTG/T 3650）的规定；使用预拌混凝土时，应满足现行《预拌混凝土》（GB/T 14902）的规定。
4 所有钢构件均应进行防腐处理。除设计文件另行规定外，防腐处理均应满足现行《公路交通工程钢构件防腐技术条件》（GB/T 18226）的规定。所有木制材料均应进行防腐处理，防腐处理应满足《防腐木材》（GB/T 22102）。螺栓、螺母等紧固件和连接件在防腐处理后，应清理螺纹或进行离心分离处理。

条文说明

防风栅和防雪栅使用的材料以钢材、混凝土和木材为主，钢材和混凝土材料要符合国家和行业现行标准规范。防风栅和防雪栅使用木材时，考虑到设施耐久性要使用防腐木材，并符合国家现行标准的要求。

11.1.5 防风栅和防雪栅的基础开挖与混凝土浇筑应符合下列规定：

1 基础应按设计位置放样，按设计文件规定的尺寸及位置进行开挖。
2 基坑开挖前应进行场地清理，软土应进行处理。
3 基底应夯实平整，基底的地基承载力应满足设计文件的规定。设计文件中未规定时，地基承载力不宜小于150kPa。
4 浇筑混凝土之前应按设计图纸准确安装预埋地脚螺栓和法兰盘，预埋法兰盘应水平，检查法兰盘安放水平情况以及相邻基础法兰盘间距后焊牢底座法兰盘和地脚螺栓。
5 以上工序检查合格后，方可进行基础现场浇筑。
6 混凝土浇筑完成后，应对法兰盘水平情况进行检查、调整，锚板及法兰盘表面应擦拭干净，不得留有混凝土或其他异物，预埋螺栓的外露部分应清理干净并采取保护措施。
7 基坑回填时宜使用基槽中挖出的土，不应使用腐殖土和泥炭土，回填土宜多次夯打至密实。

条文说明

基础是保证防风栅和防雪栅功能实现的关键环节。根据设计文件可以采用预制基础和现浇基础。基础施工的重点是控制相邻基础的间距、保证法兰盘的水平以及基坑回填。基坑回填时不能用水浇使土下沉的所谓"水夯"法。

11.1.6 防风栅和防雪栅的构件加工和运输应符合下列规定：

1 所有钢构件的切割、钻孔、冲孔、焊接等加工均应按现行《公路桥涵施工技术规范》（JTG/T 3650）和设计文件的要求，在防腐处理之前完成。
2 所有构件在运输过程中不应出现变形或损坏，不应损伤防腐层，宜采用保护性包装材料隔离保护。

11.1.7 防风栅和防雪栅立柱与栅板或横梁安装应符合下列规定：

1 立柱应根据设计文件的规定设置在现浇混凝土基础或预制混凝土基础内。立柱的安装宜分段进行，先安装每段两端的立柱，然后拉线安装中间立柱，两端立柱与中间立柱的平面投影应在一条直线上，柱顶应平顺。
2 混凝土基础强度达到设计强度的80%以上时，方可安装防风栅和防雪栅立柱与栅板或横梁。

3 栅板应整体平顺、美观，与立柱应连接牢固。

11.1.8 防风栅和防雪栅的质量过程控制应符合下列规定：

1 基础施工过程应按下列规定进行质量检查：

1）基础应依据设计位置放样，相邻基础中心距离允许偏差为±20mm。

2）基坑尺寸不小于设计值，允许偏差为±30mm。地基承载力和基础埋深应满足设计要求。

3）用水平尺检测法兰盘安放水平，水平度允许误差≤4mm/m，预埋件应齐全，地脚螺栓外露部分应妥善保护。

2 立柱与栅板或横梁施工过程应按下列规定进行质量检查：

1）立柱安装应垂直于地面，应用垂线、直尺或经纬仪由相互垂直的两个方向测量检查立柱竖直度，允许偏差≤3mm/m。

2）各部位连接螺栓应齐全、松紧程度应一致。

3）防风栅应与公路线形走向一致，顺直、流畅，美观；防雪栅走向应与设计文件一致，顺直、流畅，纵坡起伏自然、美观。

3 施工过程中应加强质量检查，各检查项目应符合表11.1.8的要求。

表11.1.8 防风栅和防雪栅的质量过程控制项目

项次	检查项目	规定值或允许偏差	检查方法
1	相邻基础中心距离（mm）	±20	尺量
2	基坑尺寸（mm）	±30	尺量
3	法兰盘安放水平度（mm/m）	≤4	水平尺量
4	基础顶面平整度（mm）	≤4	尺量
5	混凝土强度	满足设计要求	根据现行《公路工程质量检验评定标准 第一册 土建工程》（JTG F80/1）中规定的"水泥混凝土抗压强度评定方法"检测
6	预埋件齐全，地脚螺栓外露部分妥善保护	满足设计要求	目视
7	立柱竖直度（mm/m）	≤3	垂线、直尺或经纬仪

条文说明

基础放样准确度影响后续立柱和栅板或横梁的安装，如果基础法兰盘中心间距误差过大时会导致栅板无法安装，参照护栏立柱间距要求，偏差控制在±20mm。当设计中采用长圆螺孔时，可以根据螺孔尺寸调整基础放样误差。

11.2 积雪标杆

11.2.1 除设计文件另行规定外，积雪标杆的材料、施工和质量过程控制要求应符合本规范第 6 章中关于柱式轮廓标施工的相关规定。

11.3 限高架

11.3.1 除设计文件另行规定外，限高架的材料、施工和质量过程控制要求应符合本规范第 3 章中的相关规定。

11.4 减速丘

11.4.1 除设计文件另行规定外，减速丘施工宜在路面施工完毕后进行。

11.4.2 除设计文件另行规定外，减速丘的施工应符合下列规定：
1 应根据设计文件进行减速丘的定位及放样。
2 水泥混凝土路面应根据放样对路面进行切割挖除，然后按设计文件进行施工。
3 沥青路面减速丘施工宜符合下列规定：

1）减速丘宜先施工丘体中间水平部分。首先确定减速丘中间丘体的位置，进行切割挖除，再填充混凝土至减速丘设计要求的高度。如减速丘上部需要加铺沥青混凝土，宜加铺至减速丘设计高度的 1/2。

2）减速丘中间丘体施工完毕后，再在丘体两侧位置进行切割挖除，施工两侧丘体斜坡，丘体斜坡与中间水平部分连接应平顺。

3）如减速丘采用沥青混凝土材料施工，中间丘体和丘体两侧施工完毕后，应再进行整体摊铺。先碾压两侧坡度，再由坡脚向坡顶碾压，直至斜坡成型，最后碾压顶部平面。

条文说明

减速丘施工时需要破路施工。采用沥青混凝土材料施工的减速丘与路面整体性好，但是施工难度较大，根据国内外施工经验，最好采用中间丘体和两侧斜坡分开施工，然后整体摊铺沥青混凝土，先碾压两个斜坡，然后向减速丘坡顶碾压的施工方案。

11.4.3 减速丘的质量过程控制应符合下列规定：
1 减速丘的位置、结构尺寸、配套的标志标线应符合设计文件的要求。
2 减速丘的丘体宽度和高度应符合设计文件的规定，允许偏差应符合本规范的规定。

3　减速丘四周与路面衔接的部位不应有高低错位。

4　施工过程中应加强质量检查，规定值或允许偏差应满足表11.4.3的要求。

表11.4.3　减速丘的质量过程控制项目

项次	检 查 项 目	规定值或允许偏差	检 查 方 法
1	减速丘宽度（mm）	±10	尺量
2	减速丘高度（mm）	±6	尺量

条文说明

保证减速丘功能的关键指标是减速丘垂直于路面方向的宽度和高度。国外研究表明，减速丘的高度误差小于四分之一英寸（6.35mm）时，不会影响车辆行驶状况，本规范借鉴了这一研究成果。

11.5　凸面镜

11.5.1　凸面镜的材料、规格、安装角度应符合设计文件的规定。

11.5.2　凸面镜的立柱和基础应符合本规范第3章中的相关规定。

11.6　其他设施

11.6.1　其他设施的材料、施工和质量过程控制要求应符合设计文件的规定。

12 工程交工

12.0.1 交通安全设施应按现行《公路工程质量检验评定标准 第一册 土建工程》（JTG F80/1）的规定对其质量进行自检、评定，完工后申请交工验收。

12.0.2 交工验收前的准备工作应符合下列规定：
1 应对工程进行全面检查，凡不符合设计、技术标准和规范要求的质量缺陷均应进行整修和处理，保证工程的交工验收能正常进行。
2 应按现行《公路工程竣（交）工验收办法》以及国家、地方档案管理部门的要求，编制完成交工资料（含竣工图表）、施工自检报告和施工总结报告等文件。

条文说明

2 交工资料、施工自检报告和施工总结报告等文件，对交通安全设施的运营、维护和管理，以及交通事故的责任认定等非常重要，故要按验收办法及档案管理的要求认真编制。对于采用建筑信息模型（BIM）技术的施工单位，交工资料中还要包含相关的工程信息、管理信息和资源信息等文件，以贯通设计、施工、运维和管理等不同阶段的业务，实现数据共享和全寿命周期的应用。

12.0.3 交通安全设施的交工验收应按现行《公路工程竣（交）工验收办法》的有关规定进行。

12.0.4 交工验收时，应配合检测和验收部门对工程质量、施工记录等进行检查和检验。

12.0.5 对交工验收提出的工程质量缺陷等遗留问题，应采取措施，在规定的期限内处理完成。

附录 A 施工所用产品和原材料检验要求

A.1 进场检验要求

A.1.1 公路交通安全设施施工所用产品和原材料进场检验应在其运抵工地现场后、安装使用前由施工单位组织实施。

A.1.2 施工所用产品和原材料应具有出厂合格证、产品检测报告或原材料质量证明文件，并符合下列规定：
 1 出厂合格证应包括生产商名称、产品和原材料名称、执行标准号、等级、规格、型号、数量、出厂日期、批号等信息。
 2 应对该产品和原材料根据国家或行业现行相关标准进行全项性能检测并合格。
 3 无法获取产品检测报告时应提供原材料质量证明文件，内容应包括产品和原材料的执行标准、规格、性能和技术参数、检验人员等信息。

A.1.3 分批检验时，可对同一标段内同一等级、同一规格型号、同一供货方提供的产品和原材料进行组批。

A.1.4 单批产品和原材料大于起始组批数量时，施工单位可按本规范第 A.2 节规定的抽样频率随机抽取产品和原材料进行检验；单批产品和原材料不大于起始组批数量时，可会同监理和设计单位，或由供需双方商议协定检测方案。

A.1.5 除本规范第 A.2 节列出的产品外，其他未列出的施工所用产品和原材料宜会同监理单位和设计单位约定检验项目和抽样频率进行质量检验。

A.1.6 检验时应先对施工所用产品和原材料的外观质量、产品包装和标识进行检验，合格后再进行其他指标的检验。当其他指标中有不合格项时，应取双倍数量的样品对该不合格项进行复验；复验仍不合格时，则该批产品应为不合格。

A.2 检验项目及抽样频率

A.2.1 交通标志板检验项目及抽样频率可按表 A.2.1 的规定选取。

表 A.2.1　交通标志板检验项目及抽样频率

检 验 项 目		抽 样 频 率
1. 外观质量	1.1 总体要求	10%
	1.2 板面缺陷	10%
	1.3 板面平面度	10%
	1.4 面膜拼接	10%
2. 结构尺寸	2.1 总体要求	10%
	2.2 外形尺寸偏差	10%
	2.3 标志底板厚度	10%
	2.4 标志底板边缘	10%
	2.5 底板与滑槽连接	10%
3. 标志面反光膜逆反射系数		10%
4. 标志面色度性能		10%

注：按现行《道路交通标志和标线　第2部分：道路交通标志》(GB 5768.2)规定的类别，以块为单位产品。

A.2.2　交通标志反光膜检验项目及抽样频率可按表 A.2.2 的规定选取。

表 A.2.2　交通标志反光膜检验项目及抽样频率

检 验 项 目	抽 样 频 率	检 验 项 目	抽 样 频 率
1. 外观质量	5%	8. 收缩性能	1m/颜色/批
2. 色度性能	1m/颜色/批	9. 防黏纸可剥离性能	1m/颜色/批
3. 逆反射系数	1m/颜色/批	10. 抗拉荷载	1m/颜色/批
4. 耐候性能	提供有效期内检测报告	11. 耐溶剂性能	1m/颜色/批
5. 抗冲击性能	1m/颜色/批	12. 耐盐雾腐蚀性能	1m/颜色/批
6. 耐弯曲性能	1m/颜色/批	13. 耐高低温性能	1m/颜色/批
7. 附着性能	1m/颜色/批		

注：以卷为单位产品，起始组批数量为 500m^2，每增加 500m^2 为一批。

A.2.3　溶剂型交通标线涂料检验项目及抽样频率可按表 A.2.3 的规定选取。

表 A.2.3　溶剂型交通标线涂料检验项目及抽样频率

检 验 项 目	抽 样 频 率	检 验 项 目	抽 样 频 率
1. 容器中状态	1%	5. 黏度	1桶/批
2. 预混玻璃珠含量	1桶/批	6. 涂膜外观	1%
3. 预混玻璃珠成圆率	1桶/批	7. 不粘胎干燥时间	1桶/批
4. 密度	1桶/批	8. 遮盖率	1桶/批

续表 A.2.3

检 验 项 目	抽 样 频 率	检 验 项 目	抽 样 频 率
9. 色度性能	1桶/批	13. 附着性（划圈法）	1桶/批
10. 耐磨性	1桶/批	14. 柔韧性	1桶/批
11. 耐水性	1桶/批	15. 固体含量	1桶/批
12. 耐碱性	1桶/批		

注：以桶为单位产品，起始组批数量为10t，每增加10t为一批。

A.2.4 热熔型交通标线涂料检验项目及抽样频率可按表 A.2.4 的规定选取。

表 A.2.4 热熔型交通标线涂料检验项目及抽样频率

检 验 项 目	抽 样 频 率	检 验 项 目	抽 样 频 率
1. 密度	1袋/批	8. 预混玻璃珠含量	1袋/批
2. 软化点	1袋/批	9. 预混玻璃珠成圆率	1袋/批
3. 不粘胎干燥时间	1袋/批	10. 流动度	1袋/批
4. 涂膜颜色与外观	1%	11. 涂层低温抗裂性	1袋/批
5. 色度性能	1袋/批	12. 加热稳定性	1袋/批
6. 抗压强度	1袋/批	13. 耐候性能	提供有效期内检测报告
7. 耐磨性	1袋/批		

注：以袋为单位产品，起始组批数量为50t，每增加50t为一批。

A.2.5 水性交通标线涂料检验项目及抽样频率可按表 A.2.5 的规定选取。

表 A.2.5 水性交通标线涂料检验项目及抽样频率

检 验 项 目	抽 样 频 率	检 验 项 目	抽 样 频 率
1. 容器中状态	1%	10. 色度性能	1桶/批
2. 预混玻璃珠含量	1桶/批	11. 耐磨性	1桶/批
3. 预混玻璃珠成圆率	1桶/批	12. 耐水性	1桶/批
4. 密度	1桶/批	13. 耐碱性	1桶/批
5. 黏度	1桶/批	14. 冻融稳定性	1桶/批
6. 施工性能	1%	15. 早期耐水性	1桶/批
7. 涂膜外观	1%	16. 附着性（划圈法）	1桶/批
8. 不粘胎干燥时间	1桶/批	17. 固体含量	1桶/批
9. 遮盖率	1桶/批	18. 耐候性能	提供有效期内检测报告

注：以桶为单位产品，起始组批数量为10t，每增加10t为一批。

A.2.6 双组分交通标线涂料检验项目及抽样频率可按表 A.2.6 的规定选取。

表 A.2.6 双组分交通标线涂料检验项目及抽样频率

检 验 项 目	抽 样 频 率	检 验 项 目	抽 样 频 率
1. 容器中状态	1%	9. 耐磨性	1 桶/批
2. 预混玻璃珠含量	1 桶/批	10. 耐水性	1 桶/批
3. 预混玻璃珠成圆率	1 桶/批	11. 耐碱性	1 桶/批
4. 密度	1 桶/批	12. 附着性（划圈法）	1 桶/批
5. 施工性能	1%	13. 柔韧性	1 桶/批
6. 涂膜外观	1%	14. 涂层低温抗裂性	1 桶/批
7. 不粘胎干燥时间	1 桶/批	15. 玻璃珠含量	1 桶/批
8. 色度性能	1 桶/批	16. 耐候性能	提供有效期内检测报告

注：以桶为单位产品，起始组批数量为 20t，每增加 20t 为一批。

A.2.7 交通标线用玻璃珠检验项目及抽样频率可按表 A.2.7 的规定选取。

表 A.2.7 交通标线用玻璃珠检验项目及抽样频率

检 验 项 目	抽 样 频 率	检 验 项 目	抽 样 频 率
1. 外观要求	1%	5. 折射率	1 袋/批
2. 粒径分布	1 袋/批	6. 耐水性	1 袋/批
3. 成圆率	1 袋/批	7. 磁性颗粒含量	1 袋/批
4. 密度	1 袋/批	8. 防水涂层要求	1 袋/批

注：以袋为单位产品，起始组批数量为 5t，每增加 5t 为一批。

A.2.8 预成形标线带检验项目及抽样频率可按表 A.2.8 的规定选取。

表 A.2.8 预成形标线带检验项目及抽样频率

检 验 项 目	抽 样 频 率	检 验 项 目	抽 样 频 率
1. 物理性能	1%	5. 耐碱性能	1 卷/批
2. 色度性能	1 卷/批	6. 耐磨性能	1 卷/批
3. 光度性能	1 卷/批	7. 粘接性能	1 卷/批
4. 耐水性能	1 卷/批	8. 抗滑性能	1 卷/批

注：以卷为单位产品，起始组批长度为 10 000m，每增加 20 000m 为一批。

A.2.9 突起路标检验项目及抽样频率可按表 A.2.9 的规定选取。

表 A.2.9　突起路标检验项目及抽样频率

检 验 项 目		抽 样 频 率
1. 外观质量		1%
2. 结构尺寸	2.1 梯形、圆形、椭圆形底部边长或直径	1%
	2.2 高度	1%
3. 色度性能		12只/颜色/批
4. 逆反射性能		12只/颜色/批
5. 整体抗冲击性能（A1、A2类）		12只/颜色/批
6. 逆反射器抗冲击性能		12只/颜色/批
7. 抗压荷载		12只/颜色/批
8. 纵向弯曲强度（A1、A2类）		12只/颜色/批
9. 耐温度循环性能		12只/颜色/批
10. 碎裂后状态（A3类）		12只/颜色/批
11. 耐候性能		提供有效期内检测报告
12. 胶粘剂		提供有效期内检测报告

注：以只为单位产品，起始组批数量为1 000只，每增加2 000只为一批。

A.2.10　波形梁钢护栏板、立柱、防阻块、托架检验项目及抽样频率可按表A.2.10的规定选取。

表 A.2.10　波形梁钢护栏板、立柱、防阻块、托架检验项目及抽样频率

检 验 项 目		抽 样 频 率
1. 材料力学性能	1.1 抗拉强度	3件/批
	1.2 屈服强度	3件/批
	1.3 伸长率	3件/批
2. 外形尺寸	2.1 护栏板宽	5%
	2.2 护栏板展开宽度	5%
	2.3 立柱直径或截面尺寸	5%
	2.4 防阻块或托架外形尺寸	5%
	2.5 板厚（或壁厚）	10%
3. 防腐层质量	3.1 镀层厚度	10%
	3.2 附着性	5%

注：以件为单位产品，起始组批数量为1 250件，每增加5 000件为一批。

A.2.11 波形梁钢护栏螺栓检验项目及抽样频率可按表 A.2.11 的规定选取。

表 A.2.11 波形梁钢护栏螺栓检验项目及抽样频率

检 验 项 目		抽 样 频 率
1. 抗拉强度（或整体抗拉荷载）		18 套/批
2. 外形尺寸	2.1 螺栓直径	0.5%
	2.2 螺栓长度	0.5%
3. 防腐层质量	3.1 镀层厚度	0.5%
	3.2 附着性	0.5%

注：以套为单位产品，起始组批数量为 10 000 套，每增加 10 000 套为一批。

A.2.12 轮廓标检验项目及抽样频率可按表 A.2.12 的规定选取。

表 A.2.12 轮廓标检验项目及抽样频率

检 验 项 目	抽 样 频 率	检 验 项 目	抽 样 频 率
1. 外观质量	1%	4. 耐盐雾腐蚀性能	12 只/颜色/批
2. 外形尺寸	1%	5. 耐高低温性能	12 只/颜色/批
3. 逆反射性能	12 只/颜色/批	6. 耐候性能	提供有效期内检测报告

注：以只为单位产品，起始组批数量为 1 000 只，每增加 2 000 只为一批。

A.2.13 隔离栅和防落网检验项目及抽样频率可按表 A.2.13 的规定选取。

表 A.2.13 隔离栅和防落网检验项目及抽样频率

检 验 项 目		抽 样 频 率
1. 外观质量	1.1 网片表面外观	1%
	1.2 立柱表面外观	1%
2. 钢丝直径		1%
3. 立柱壁厚		1%
4. 钢丝抗拉强度		3 块（或根）/批
5. 立柱力学性能		3 块（或根）/批
6. 防腐层质量	6.1 涂塑层厚度	1%
	6.2 镀锌层厚度	1%
	6.3 附着性	3 块（或根）/批

注：网片以片为单位产品，连续网面以米为单位产品，立柱以根为单位产品，起始组批数量以单侧 5km 所用网片、立柱计，每增加 20km 所用网片、立柱为一批。

A.2.14 防眩板检验项目及抽样频率可按表 A.2.14 的规定选取。

表 A.2.14 防眩板检验项目及抽样频率

检验项目		抽样频率
1. 一般要求	1.1 原材料	1%
	1.2 外观质量	1%
	1.3 结构尺寸	1%
2. 抗风荷载		8 块/批
3. 抗变形量		8 块/批
4. 抗冲击性能		8 块/批
5. 耐候性能		提供有效期内检测报告

注：以块为单位产品，起始组批数量为 10 000 块，每增加 10 000 块为一批。

本规范用词用语说明

1 本规范执行严格程度的用词，采用下列写法：

1）表示很严格，非这样做不可的用词，正面词采用"必须"，反面词采用"严禁"；

2）表示严格，在正常情况下均应这样做的用词，正面词采用"应"，反面词采用"不应"或"不得"；

3）表示允许稍有选择，在条件许可时首先应这样做的用词，正面词采用"宜"，反面词采用"不宜"；

4）表示有选择，在一定条件下可以这样做的用词，采用"可"。

2 引用标准的用语采用下列写法：

1）在标准总则中表述与相关标准的关系时，采用"除应符合本规范的规定外，尚应符合国家和行业现行有关标准的规定"。

2）在标准条文及其他规定中，当引用的标准为国家标准和行业标准时，表述为"应符合《××××××》（×××）的有关规定"。

3）当引用本标准中的其他规定时，表述为"应符合本规范第×章的有关规定"、"应符合本规范第×.×节的有关规定"、"应符合本规范第×.×.×条的有关规定"或"应按本规范第×.×.×条的有关规定执行"。

现行公路工程行业标准一览表

(2022 年 7 月)

序号	板块	模块	现行编号	名 称	定价(元)
1	总体		JTG 1001—2017	公路工程标准体系(14300)	20.00
2			JTG A02—2013	公路工程行业标准制修订管理导则(10544)	15.00
3			JTG A04—2013	公路工程标准编写导则(10538)	20.00
4	通用	基础	JTG B01—2014	公路工程技术标准(活页夹版,11814)	98.00
				公路工程技术标准(平装版,11829)	68.00
5			JTG 2111—2019	小交通量农村公路工程技术标准(15327)	50.00
6			JTG 2112—2021	城镇化地区公路工程技术标准(17752)	50.00
7			JTJ 002—87	公路工程名词术语(0346)	22.00
8			JTJ 003—86	公路自然区划标准(0348)	16.00
9			JTG 2120—2020	公路工程结构可靠性设计统一标准(16532)	50.00
10			建标〔2011〕124 号	公路工程项目建设用地指标(09402)	36.00
11			JTG F80/1—2017	公路工程质量检验评定标准 第一册 土建工程(14472)	90.00
12			JTG 2182—2020	公路工程质量检验评定标准 第二册 机电工程(16987)	60.00
13		安全	JTG B05—2015	公路项目安全性评价规范(12806)	45.00
14			JTG B05-01—2013	公路护栏安全性能评价标准(10992)	30.00
15			JTG B02—2013	公路工程抗震规范(11120)	45.00
16			JTG/T 2231-01—2020	公路桥梁抗震设计规范(16483)	80.00
17			JTG/T 2231-02—2021	公路桥梁抗震性能评价细则(16433)	40.00
18			JTG 2232—2019	公路隧道抗震设计规范(16131)	60.00
19			JTG F90—2015	公路工程施工安全技术规范(12138)	68.00
20		绿色	JTG B03—2006	公路建设项目环境影响评价规范(13373)	40.00
21			JTG B04—2010	公路环境保护设计规范(08473)	28.00
22			JTG/T 2321—2021	公路工程利用建筑垃圾技术规范(17536)	40.00
23			JTG/T 2340—2020	公路工程节能规范(16115)	30.00
24		智慧	JTG/T 2420—2021	公路工程信息模型应用统一标准(17181)	50.00
25			JTG/T 2421—2021	公路工程设计信息模型应用标准(17179)	80.00
26			JTG/T 2422—2021	公路工程施工信息模型应用标准(17180)	70.00
27	建设	勘测	JTG C10—2007	公路勘测规范(06570)	40.00
28			JTG/T C10—2007	公路勘测细则(06572)	42.00
29			JTG C20—2011	公路工程地质勘察规范(09507)	65.00
30			JTG/T C21-01—2005	公路工程地质遥感勘察规范(0839)	17.00
31			JTG/T C21-02—2014	公路工程卫星图像测绘技术规程(11540)	25.00
32			JTG/T 3221-04—2022	公路跨海通道工程地质勘察规程(18076)	70.00
33			JTG/T 3222—2020	公路工程物探规程(16831)	60.00
34			JTG 3223—2021	公路工程地质原位测试规程(17325)	100.00
35		设计	JTG C30—2015	公路工程水文勘测设计规范(12063)	70.00
36			JTG/T 3310—2019	公路工程混凝土结构耐久性设计规范(15635)	50.00
37			JTG/T 3311—2021	小交通量农村公路工程设计规范(17487)	60.00
38			JTG D20—2017	公路路线设计规范(14301)	80.00
39			JTG/T D21—2014	公路立体交叉设计细则(11761)	60.00
40			JTG D30—2015	公路路基设计规范(12147)	98.00
41			JTG/T D31—2008	沙漠地区公路设计与施工指南(1206)	32.00
42			JTG/T D31-02—2013	公路软土地基路堤设计与施工技术细则(10449)	40.00
43			JTG/T D31-03—2011	采空区公路设计与施工技术细则(09181)	40.00
44			JTG/T D31-04—2012	多年冻土地区公路设计与施工技术细则(10260)	40.00
45			JTG/T D31-05—2017	黄土地区公路路基设计与施工技术规范(13994)	50.00
46			JTG/T D31-06—2017	季节性冻土地区公路设计与施工技术规范(13981)	45.00
47			JTG/T D32—2012	公路土工合成材料应用技术规范(09908)	50.00
48			JTG/T D33—2012	公路排水设计规范(10337)	40.00
49			JTG/T 3334—2018	公路滑坡防治设计规范(15178)	55.00
50			JTG D40—2011	公路水泥混凝土路面设计规范(09463)	40.00
51			JTG D50—2017	公路沥青路面设计规范(13760)	50.00
52			JTG/T 3350-03—2020	排水沥青路面设计与施工技术规范(16651)	50.00
53			JTG D60—2015	公路桥涵设计通用规范(12506)	40.00
54			JTG/T 3360-01—2018	公路桥梁抗风设计规范(15231)	75.00
55			JTG/T 3360-02—2020	公路桥梁抗撞设计规范(16435)	40.00
56			JTG/T 3360-03—2018	公路桥梁景观设计规范(14540)	40.00
57			JTG D61—2005	公路圬工桥涵设计规范(13355)	30.00
58			JTG 3362—2018	公路钢筋混凝土及预应力混凝土桥涵设计规范(14951)	90.00
59			JTG 3363—2019	公路桥涵地基与基础设计规范(16223)	90.00
60			JTG D64—2015	公路钢结构桥梁设计规范(12507)	80.00
61			JTG/T D64-01—2015	公路钢混组合桥梁设计与施工规范(12682)	45.00
62			JTG/T 3364-02—2019	公路钢桥面铺装设计与施工技术规范(15637)	50.00
63			JTG/T 3365-01—2020	公路斜拉桥设计规范(16365)	50.00
64			JTG/T 3365-02—2020	公路涵洞设计规范(16583)	50.00
65			JTG/T D65-05—2015	公路悬索桥设计规范(12674)	55.00
66			JTG/T D65-06—2015	公路钢管混凝土拱桥设计规范(12514)	40.00
67			JTG/T 3365-05—2022	公路装配式混凝土桥梁设计规范(17885)	60.00
68			JTG 3370.1—2018	公路隧道设计规范 第一册 土建工程(14639)	110.00
69			JTG D70/2—2014	公路隧道设计规范 第二册 交通工程与附属设施(11543)	50.00

序号	板块	模块	现行编号	名称	定价(元)
70	建设	设计	JTG/T D70—2010	公路隧道设计细则(08478)	66.00
71	建设	设计	JTG/T D70/2-01—2014	公路隧道照明设计细则(11541)	35.00
72	建设	设计	JTG/T D70/2-02—2014	公路隧道通风设计细则(11546)	70.00
73	建设	设计	JTG/T 3371—2022	公路水下隧道设计规范(17889)	120.00
74	建设	设计	JTG/T 3371-01—2022	公路沉管隧道设计规范(18063)	70.00
75	建设	设计	JTG/T 3374—2020	公路瓦斯隧道设计与施工技术规范(16141)	60.00
76	建设	设计	JTG D80—2006	高速公路交通工程及沿线设施设计通用规范(0998)	25.00
77	建设	设计	JTG D81—2017	公路交通安全设施设计规范(14395)	60.00
78	建设	设计	JTG/T D81—2017	公路交通安全设施设计细则(14396)	90.00
79	建设	设计	JTG/T 3381-02—2020	公路限速标志设计规范(16696)	40.00
80	建设	设计	JTG D82—2009	公路交通标志和标线设置规范(07947)	116.00
81	建设	设计	JTG/T 3383-01—2020	公路通信及电力管道设计规范(16686)	40.00
82	建设	设计	JTG/T L11—2014	高速公路改扩建设计细则(11998)	45.00
83	建设	设计	JTG/T L80—2014	高速公路改扩建交通工程与沿线设施设计细则(11999)	30.00
84	建设	设计	JTG/T 3392—2022	高速公路改扩建交通组织设计规范(17883)	50.00
85	建设	通用图	JTG/T 3911—2021	装配化工字组合梁钢桥通用图(17771)	3000.00
86	建设	试验	JTG E20—2011	公路工程沥青及沥青混合料试验规程(09468)	106.00
87	建设	试验	JTG 3420—2020	公路工程水泥及水泥混凝土试验规程(16989)	100.00
88	建设	试验	JTG 3430—2020	公路土工试验规程(16828)	120.00
89	建设	试验	JTG E41—2005	公路工程岩石试验规程(13351)	30.00
90	建设	试验	JTG E42—2005	公路工程集料试验规程(13353)	50.00
91	建设	试验	JTG E50—2006	公路工程土工合成材料试验规程(13398)	40.00
92	建设	试验	JTG E51—2009	公路工程无机结合料稳定材料试验规程(08046)	60.00
93	建设	试验	JTG 3450—2019	公路路基路面现场测试规程(15830)	90.00
94	建设	检测	JTG/T 3512—2020	公路工程基桩检测技术规程(16482)	60.00
95	建设	检测	JTG/T 3520—2021	公路机电工程测试规程(17414)	60.00
96	建设	施工	JTG/T 3610—2019	公路路基施工技术规范(15769)	80.00
97	建设	施工	JTG/T F20—2015	公路路面基层施工技术细则(12367)	45.00
98	建设	施工	JTG/T F30—2014	公路水泥混凝土路面施工技术细则(11244)	60.00
99	建设	施工	JTG F40—2004	公路沥青路面施工技术规范(05328)	50.00
100	建设	施工	JTG/T 3650—2020	公路桥涵施工技术规范(16434)	125.00
101	建设	施工	JTG/T 3650-02—2019	特大跨径公路桥梁施工测量规范(15634)	80.00
102	建设	施工	JTG/T 3651—2022	公路钢结构桥梁制造和安装施工规范(17884)	80.00
103	建设	施工	JTG/T 3652—2022	跨海钢箱梁桥大节段施工技术规程(18075)	30.00
104	建设	施工	JTG/T 3660—2020	公路隧道施工技术规范(16488)	100.00
105	建设	施工	JTG/T 3671—2021	公路交通安全设施施工技术规范(17000)	50.00
106	建设	施工	JTG/T F72—2011	公路隧道交通工程与附属设施施工技术规范(09509)	35.00
107	建设	监理	JTG G10—2016	公路工程施工监理规范(13275)	40.00
108	建设	造价	JTG 3810—2017	公路工程建设项目造价文件管理导则(14473)	50.00
109	建设	造价	JTG/T 3811—2020	公路工程施工定额测定与编制规程(16083)	60.00
110	建设	造价	JTG/T 3812—2021	公路工程建设项目造价数据标准(16836)	100.00
111	建设	造价	JTG 3820—2018	公路工程建设项目投资估算编制办法(14362)	60.00
112	建设	造价	JTG/T 3821—2018	公路工程估算指标(14363)	120.00
113	建设	造价	JTG 3830—2018	公路工程建设项目概算预算编制办法(14364)	60.00
114	建设	造价	JTG 3831—2018	公路工程概算定额(14365)	270.00
115	建设	造价	JTG 3832—2018	公路工程预算定额(14366)	300.00
116	建设	造价	JTG 3833—2018	公路工程机械台班费用定额(14367)	50.00
117	养护	综合	JTG H10—2009	公路养护技术规范(08071)	60.00
118	养护	综合	JTG 5120—2021	公路桥涵养护规范(17160)	60.00
119	养护	综合	JTG/T 5122—2021	公路缆索结构体系桥梁养护技术规范(17764)	60.00
120	养护	综合	JTG H12—2015	公路隧道养护技术规范(12062)	60.00
121	养护	综合	JTJ 073.1—2001	公路水泥混凝土路面养护技术规范(13658)	20.00
122	养护	综合	JTG 5142—2019	公路沥青路面养护技术规范(15612)	60.00
123	养护	综合	JTG/T 5142-01—2021	公路沥青路面预防养护技术规范(17578)	50.00
124	养护	综合	JTG 5150—2020	公路路基养护技术规范(16596)	40.00
125	养护	综合	JTG/T 5190—2019	农村公路养护技术规范(15430)	30.00
126	养护	检测评价	JTG 5210—2018	公路技术状况评定标准(15202)	40.00
127	养护	检测评价	JTG/T E61—2014	公路路面技术状况自动化检测规程(11830)	25.00
128	养护	检测评价	JTG/T H21—2011	公路桥梁技术状况评定标准(09324)	46.00
129	养护	检测评价	JTG/T J21—2011	公路桥梁承载能力检测评定规程(09480)	20.00
130	养护	检测评价	JTG/T J21-01—2015	公路桥梁荷载试验规程(12751)	40.00
131	养护	检测评价	JTG 5220—2020	公路养护工程质量检验评定标准 第一册 土建工程(16795)	80.00
132	养护	养护设计	JTG 5421—2018	公路沥青路面养护设计规范(15201)	40.00
133	养护	养护设计	JTG/T J22—2008	公路桥梁加固设计规范(07380)	52.00
134	养护	养护设计	JTG/T 5440—2018	公路隧道加固技术规范(15402)	70.00
135	养护	养护施工	JTG/T F31—2014	公路水泥混凝土路面再生利用技术细则(11360)	30.00
136	养护	养护施工	JTG/T 5521—2019	公路沥青路面再生技术规范(15839)	60.00
137	养护	养护施工	JTG/T J23—2008	公路桥梁加固施工技术规范(07378)	40.00
138	养护	养护施工	JTG H30—2015	公路养护安全作业规程(12234)	90.00
139	养护	造价	JTG 5610—2020	公路养护预算编制导则(16733)	50.00
140	养护	造价	JTG/T M72-01—2017	公路隧道养护工程预算定额(14189)	60.00
141	养护	造价	JTG/T 5612—2020	公路桥梁养护工程预算定额(16855)	50.00
142	养护	造价	JTG/T 5640—2020	农村公路养护预算编制办法(16302)	70.00
143	运营	收费服务	JTG/T 6303.1—2017	收费公路移动支付技术规范 第一册 停车移动支付(14380)	20.00
144	运营	收费服务	JTG B10-01—2014	公路电子不停车收费联网运营和服务规范(11566)	30.00

注:JTG——公路工程行业标准;JTG/T——公路工程行业推荐性标准。销售电话:010-85285659;业务咨询电话:010-85285922/30。